書いて
気づいて
磨く

コミュニケーション
スキル・トレーニング

Communication
Skills
Training

山田雅子　著

新水社

もくじ

はじめに

　この本の基本精神は、「とにかく白く」です。

　書き込むことで完成する本というコンセプトで、本書の制作は始まりました。

　コミュニケーションを教えるようになって数年が経ちますが、教える身でありながら、著者自身もコミュニケーションが得意と言えるわけではありません。ですから、コミュニケーションのコツを伝授する、というような達人的指導者の立場にはなく、学生同士の関わり合いや交流に焦点を当てた授業運営を続けて参りました。あえて表現するならば、仕掛けを作る立場、さらに言えば、「仕掛け屋」とするのが最も的確なのではと思います。

　その仕掛け屋の立場を強く意識するようになったのは、「答えはその人自身の中にある」と感じて以来のことです。限られた授業時間の中でも、学生同士が関わり合う中で自ら気づき、少しずつ変化していく姿を目の当たりにしてきました。その変化を支えているのは、残念ながら著者の指導力ではなく、関わり合う相手からのフィードバックです。そのように言い切れるほど、相手から返される反応の威力の大きさを強く感じてきました。

　この本は、そうした経験の上に生まれました。

　How to 本のようなコツの明示はありませんが、その代わりに、仕掛け屋なりの材料をたっぷり揃えてあります。白い記入欄が黒く埋められる頃には、きっとあなたらしいコミュニケーションの在り方が見つかるでしょう。それは、マニュアル化された画一的なものではなく、今のあなたに本当に馴染むコミュニケーションであり、相手を前提とした柔らかさを持つはずです。

　この本が、あなた自身についても、関わる相手についても、立ち止まってゆっくり眺めて考えるきっかけを与えられるものであることを願っています。

> 本編にはたくさんの課題があります。外枠が実線のものはじっくり考えて、点線のものは、気持ちや思いつきを重視してラフにまとめてみてください。

基礎編

1 自己紹介をブラッシュアップ

　あなたは何回自己紹介をしたことがあるでしょうか。学校で、サークルで、アルバイト先で。人に出会う度、幾度となく私たちは自己紹介を繰り返します。関わった人の分だけ、自己紹介を重ねているといっても過言ではありません。

　急に紹介を求められ、義務的に終わることも少なくない自己紹介ですが、その内容が本当にあなたを表し切れているのかといえば、そこは疑わしいばかりです。この章では、自己紹介をブラッシュアップする（磨き上げる）ことを通じて、自分らしさを見つめ直してみましょう。

1 ●● わたしの自己紹介

　あなたは自己紹介の際にどのようなことを話しますか？ 普段の自己紹介の内容を振り返ってみましょう。

2 ●●● わたしの自己紹介全力版 〜内容編〜

あなたのことをしっかりと分かってもらえるような自己紹介をするよう言われたら、あなたはどのようなことを話しますか？ 紹介したい内容を書き出してみましょう。

3 ●●● わたしの自己紹介全力版 〜態度編〜

あなたのことをしっかりと分かってもらえるような自己紹介をするよう言われたら、あなたはどのような態度で自己紹介に臨みますか？ 声や姿勢などに注目して、書き出してみましょう。

4 ●● わたしらしさの分析

現在の自分自身に当てはまるところ、希望の自分像に当てはまるところに○を付けてみましょう。

		現在	希望	周りの評価
グループA	(1) リーダーシップがある			
	(2) しっかりしている			
	(3) 温かい			
	(4) 思いやりがある			
	(5) 頭脳明晰			
	(6) 落ち着いている			
	(7) 好奇心旺盛			
	(8) 明るい			
	(9) 謙虚			
	(10) 大人しい			
グループB	(11) 頼もしい			
	(12) 正義感が強い			
	(13) 穏やか			
	(14) やさしい			
	(15) 冷静			
	(16) 有能			
	(17) ポジティブ思考			
	(18) ユーモアがある			
	(19) 周りに気をつかえる			
	(20) 素直			

5 ◍● 人から見たわたし

　自己紹介から感じられた印象を 10 ページの表の番号で答えてもらい、下の欄にメモしましょう。また、メモをもとに 10 ページの表の「周りの評価」の欄に○をつけ、自分の評価と比べてみましょう（複数回選ばれた場合には、その数だけ○をつけます）。

　印象を答える側の人は、グループ A・B のどちらかにかたよらないよう配慮しましょう。

6 ◍● 「わたしらしさ」とは

　あなたらしいと言える要素をじっくり考え、以下の欄に書き出してみましょう。その際、「人見知りしてしまう」のように他の人も書きそうな内容よりも、「人に慣れるまでに時間は相当かかるけど、仲良くなると一生モノの関係を築ける！」のように、あなたらしい書き方を工夫してみましょう。

①

②

③

④

⑤

⑥

⑦

⑧

⑨

⑩

7 ●● わたしの得意分野 〜好きな話題の分析〜

あなたにとって「この話題ならばどのくらいでも話せる！」という話題は？ 以下の欄に 5 つ挙げてみましょう。

例 コンビニスイーツの話（新商品は見つけ次第必ず試します！）

☆

☆

☆

☆

☆

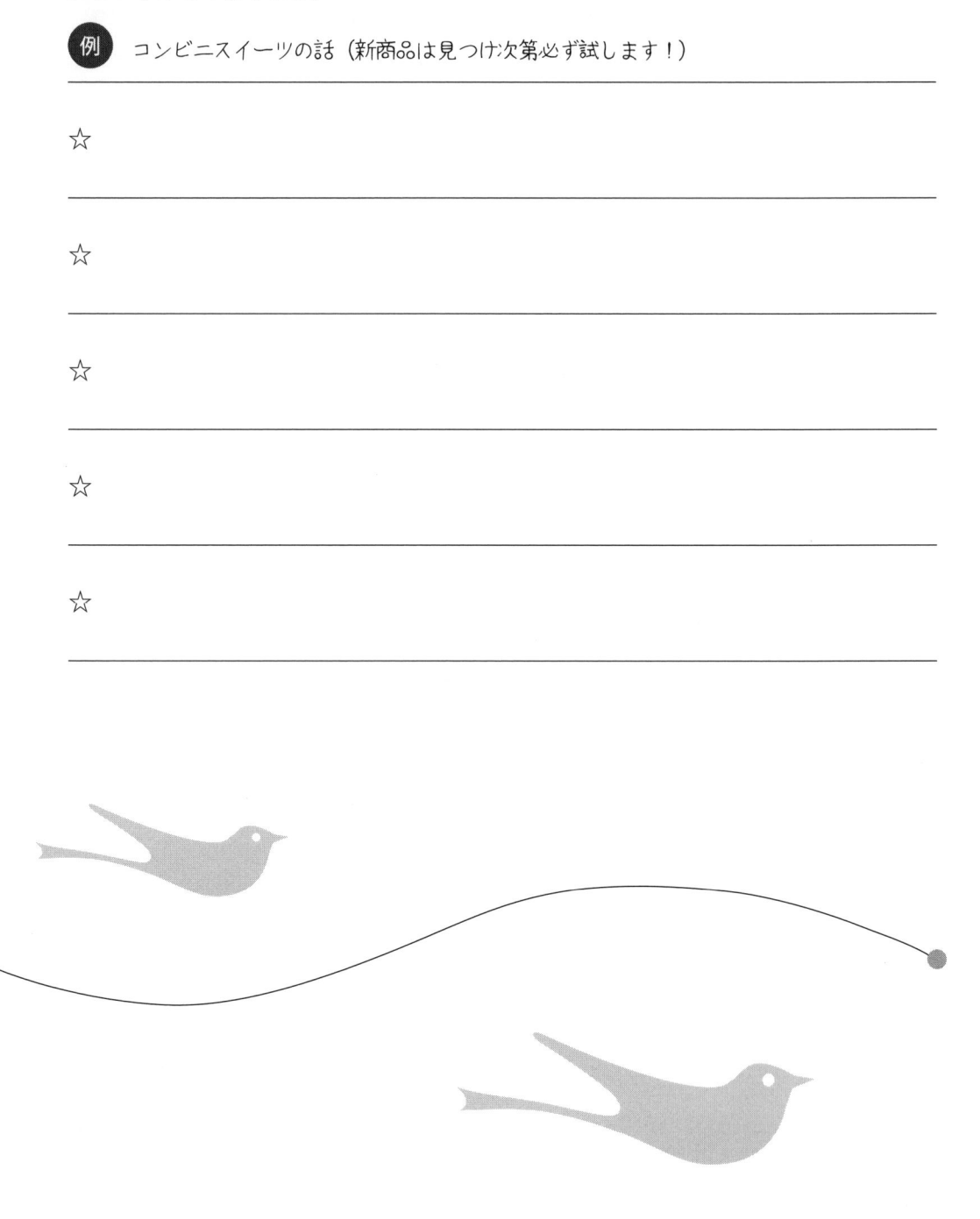

8 ●● わたしのエピソード集

　聞いている人から「へぇ～」という反応が返ってきたら、それはその人の心が強く動いたシグナルでもあります。「へぇ～」と言わせられるような、あなたにまつわるエピソードを具体的に書き出してみましょう。面白いエピソード、頑張ったエピソード、自虐的エピソードなど、さまざまな側面から考えるとあなた自身の理解もさらに深まっていきます。

例　今朝、学校に来るまでに4回も道をきかれた。たった1時間なのに…。実は前にも1日で5回聞かれたことがある。しかも外国人からばかりだった。わたしって、世界的に見ても聞きやすそうな雰囲気？

　友だちと4人で食事しようと思ってお店を予約しようとしたら、6軒から予約を断られた（7軒目でやっと予約成功）。クリスマスでもお正月でもお盆でもないのに！ 運の悪さではちょっと自信アリかも…。

　中学時代、急に資格に目覚めて猛勉強したら、中学卒業までに15の資格をとることができた。中には全く使えなさそうな資格もあるけど…。

9 ●● わたしのアピールポイント①
〜社会から求められる側面の分析〜

次の中から、アピールできそうな項目の☆を塗りつぶし、具体的なエピソードを右側の欄に記入しましょう。その際、できるだけあなたにしかない独自の経験を書きましょう。

また、各要素に対する自己評価を〔　　〕に5段階で表してみましょう。

5＝人よりもかなり自信あり

4＝人よりも少し自信あり

3＝人並み

2＝人並みにはやや及ばない

1＝人並みまではるかに及ばない

例　④継続力〔5〕　高校1年の夏から現在まで、3年以上ファストフード店でのアルバイトを続けている。辞めたくなったとき（クレームで自信がなくなったときや人間関係が悪くなったとき）は、先輩や仲間に支えられながら、どうすれば乗り越えられるか本気で考えて何とか続けて来られた。今では次期アルバイトリーダーの話も出ている。

社会から求められる側面	自分自身のエピソード
☆① 積極性〔　　〕 自分から進んでやってみようという、一歩踏み出す精神は社会からも高く評価されます。	
☆② 協調性〔　　〕 社会では人と人とが協力する場面ばかり。人とスムーズに連携できる人は魅力的に映ります。	
☆③ 計画性〔　　〕 締め切りを守って、目標を達成するためには、適切な計画とその通りに実行する力が不可欠です。	

社会に求められる側面	自分自身のエピソード
☆④ 継続力〔　〕 1つの物事を粘り強く続けている人は，忍耐力があるという評価を受け，仕事の上でも期待されます。	
☆⑤ 傾聴力〔　〕 コミュニケーションの基本は相手の話を聞くこと。これが良好な人間関係につながっていきます。	
☆⑥ 発言力〔　〕 社会では、新しいアイデアや意見が求められる場も多々あります。自分の考えを示す力も重要です。	
☆⑦ 論理的思考力〔　〕 感情的、表面的な判断ではなく、物事を論理的に整理し、考えを深めることも社会では求められます。	
☆⑧ 独創的発想力〔　〕 それまでにない斬新なアイデアを生み出す柔軟な発想力に対しても、社会から強いニーズがあります。	
☆⑨ メンタルの強さ〔　〕 挫折したときに立ち上がれる精神的強さや自分自身の心理的な管理力は社会人にも必須です。	
☆⑩ マナー・気づかい〔　〕 他者に対して温かい気づかいができること、マナーを心得ていることも、社会の中でキラリと輝きます。	

10 ●● わたしのアピールポイント②
～バランスチェック～

　9項（14～15ページ）で自己評価した数値を次のスパイダーグラフにプロットして、線で結んでみましょう。あなたのアピール要素のバランスを視覚的に確認することができます。外側に広がったところが、特にアピールすべきポイント。逆に内側に凹んで見える部分はウィークポイントです。まずはそうした弱い側面があるということを自覚しましょう。次に、それらを克服する取り組みやカバーするための工夫も重要です。そうできることが、自己理解の深さをアピールすることにもつながります。

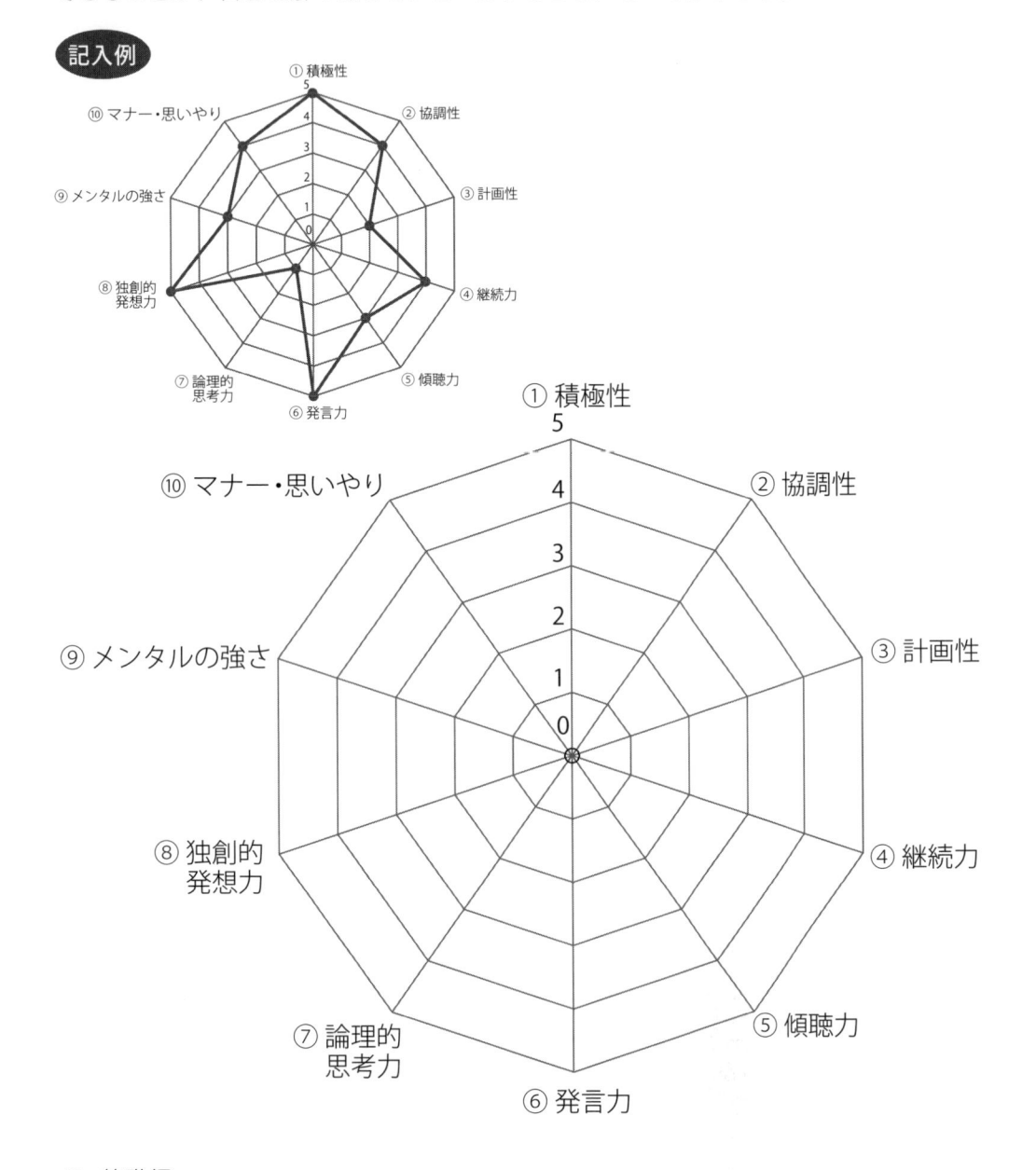

記入例

11 ●●● わたしを○○にたとえると
～自分らしさの分析～

　あなたをさまざまなものにたとえてみましょう。理由を考えながら、自分らしさについて探っていきましょう。

例　色にたとえると…　こたえ：　赤みがかった濃いオレンジ
　　　　　　　　　　　　　理由：　情にもろくて明るさが取り柄だから

課　題	こたえ	理　由
① 色に 　 たとえると…		
② 動物に 　 たとえると…		
③ 飲み物に 　 たとえると…		
④ 季節に 　 たとえると…		
⑤ スイーツに 　 たとえると…		
⑥ 音楽に 　 たとえると…		
⑦ 植物（花）に 　 たとえると…		
⑧ 果物に 　 たとえると…		
⑨ 調味料に 　 たとえると…		
⑩ キャラクターに 　 たとえると…		

12 ●● 穴埋めで創作 ～キャッチフレーズ作成の準備～

次の空欄を埋め、あなたらしさを表すキャッチフレーズを創ってみましょう。

（　　　　　　　　　　　　　　　　　　　　　　　　）男子 or 女子

（　　　　　　　　　　　　　　　　　　　　　　　）BOY or GIRL

わたしの人生、（　　　　　　　　　　　　　　）さえあれば大丈夫

（　　　　　　　　　）・（　　　　　　　）・（　　　　　　　　　）

（　　　　　　　　　　　　　）型人間（　　　　　　　　　　　）

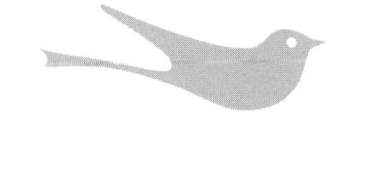

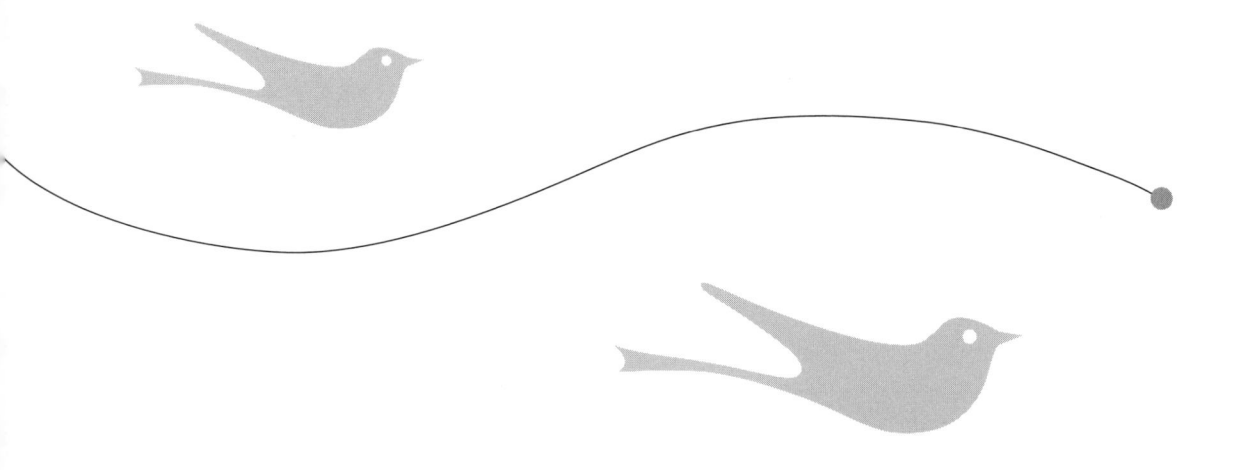

13 ●● CMに学ぶキャッチコピー

　私たちが日々触れるコマーシャルには、短い言葉で商品やサービスの特徴を的確に表すキャッチコピーが効果的に使われています。良いキャッチコピーは、人々の関心を誘い、その商品やキャッチコピー自体を記憶に焼き付けます。最近のコマーシャルや広告、ポスターなどから、面白いキャッチコピーや心誘われる言い回しを探してみましょう。

例
- ・タワーレコード　「NO MUSIC, NO LIFE.」
- ・JR 東海　「そうだ、京都行こう。」
- ・エビスビール　「エビス。ちょっと贅沢なビールです。」
- ・東京メトロ　「TOKYO HEART」

商品・企画・人名	キャッチコピー
①	
②	
③	
④	
⑤	

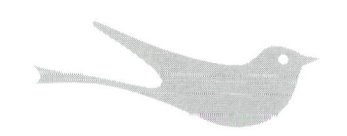

14 ●● わたしのキャッチフレーズ
～短い言葉で自分らしさを表す～

あなたの特徴や信念、モットーを短い言葉で表してみましょう。次の例や、13項（19ページ）で調べたキャッチコピーも参考に、一部を変えて自分流にアレンジすれば考えやすいかもしれません。

また、「これは！」と思うキャッチフレーズについては、左側の欄に○を付けましょう。

例
- 「裏よりも正面から、斜めよりもまっすぐに」
- 「誰とでも好相性 豆腐的協調性」
- 「A型としか言われないコツコツ系B型人」
- 「何より行動！ 頭よりも足で考える女」

○	キャッチフレーズ
	①
	②
	③
	④
	⑤

15 ●● 自己PRの3点セット
～ポイント・キャッチフレーズ・エピソード～

自分をアピールする際、「積極的です」のように特徴だけを伝えても印象には残りません。アピール要素が他の人と重なる場合も多く、また、実態が分からず真実味に欠けると思われてしまうこともあるからです。

アピールしたいポイントとそれに合ったキャッチフレーズ、それを具体的に表すエピソードの3点をセットにして、自己PRを強化しましょう。

例	ポイント	明るく積極的な性格

ポイント

明るく積極的な性格

キャッチフレーズ

学内一の創作系ムードメーカー

エピソード

大学入学後間もない5月に、有志6人でお笑い同好会を結成。開学来初めてと言われる異色同好会の中で、私は専らネタ作りを担当。文化祭での初公演では100名を越える観客を動員し大成功。披露したネタは「妖しいサバエさん一家」。10冊目のネタ帳を頼りに、ゼミの明るい雰囲気づくりにも力を注いでいる。

ポイント

キャッチフレーズ

エピソード

ポイント

キャッチフレーズ

エピソード

16 ●● 350 文字のアピール
～ 1 分間PRの準備～

　自己 PR には、1 分間という制限が設けられる場合も少なくありません。そして、その 1 分間にじっくり伝える分量として適当なのは 350 文字程度と言われます。1 分間の自己 PR 用として、次のマス目をいっぱいにする気持ちで原稿を作成しましょう。

ポイント　① キャッチフレーズやエピソードを盛り込む（12、13、15 項を参考に）
　　　　　② PR であることを意識し、社会的に認められる要素を絡める（9 項を参考に）
　　　　　③ 他の人にはない、自分独自の要素を優先する
　　　　　④ アピール要素の羅列ではなく、流れやストーリーを作る

原稿 **1**　まずは自分自身の考えのままにまとめてみましょう。

（360 字　18 字× 20 行）

原稿 **2** 次の17項（24ページ）のリハーサルでもらったアドバイスを参考に、改善版原稿を作成しましょう。

（360字　18字×20行）

17 ●● 自己PRリハーサル

　1分を目標に16項（22〜23ページ）で作成した原稿を読み上げ、かかった時間を記録しましょう。周囲の人から協力が得られる場合は、次の項目についてそれぞれ5段階で評価してもらいましょう。また、最後に総合評価（A・B・C・D）とアドバイスも併せてもらいましょう。

項目評価
5＝良くできている
4＝できている
3＝ふつう
2＝できていない

総合評価
A＝優
B＝良
C＝可
D＝不可

	時　間	1回目 分　秒	2回目 分　秒	3回目 分　秒	4回目 分　秒
評価項目	a. キャッチフレーズやエピソードなど、印象に残る具体的要素が盛り込まれているか	／5	／5	／5	／5
	b. 社会的に認められる要素をアピールできているか	／5	／5	／5	／5
	c. 独自の要素が前面に出ているか	／5	／5	／5	／5
	d. 要素の羅列でなく、スムーズな流れができているか	／5	／5	／5	／5
	e. 声の大きさは適切か	／5	／5	／5	／5
	f. 話すスピードは適切か	／5	／5	／5	／5
	g. 穏やかでにこやかな表情か	／5	／5	／5	／5
	h. 聞いている人の方に目を配っているか	／5	／5	／5	／5
	総合評価（A・B・C・D）				

アドバイス

コミュニケーションの定義

　コミュニケーションという言葉はすっかり日常語になっていますが、英語では、communication と綴ります。ラテン語の「共通」を意味する commun(is) を語幹に含み、元々の意味は「共通なものとする」。それが発展して「人間と人間との間に共通性をうちたてる行為全般」を意味するようになったとされます（井口 , 1982）。

　私たちは、人と関わる行為の方に目を向けがちですが、その「共通性」という部分にこそ立ち返るべきなのかもしれません。一見「コミュニケーション」のようでも、お互いの間に何も共通性を生み出さない行為、言い換えれば、何も分かち合われるもののない行為も多いからです。

　ここで考えたいのは、コミュニケーションには必ず何らかの記号が関わるということ。言葉であれ、表情であれ、何らかの記号を介さなくては成立しません（Figure 1 参照）。インターネットを筆頭にコミュニケーションの手段が多様化・複雑化している現代においては、改めてこの記号化と解読化の過程を意識して、丁寧なコミュニケーションを心がけたいものです。

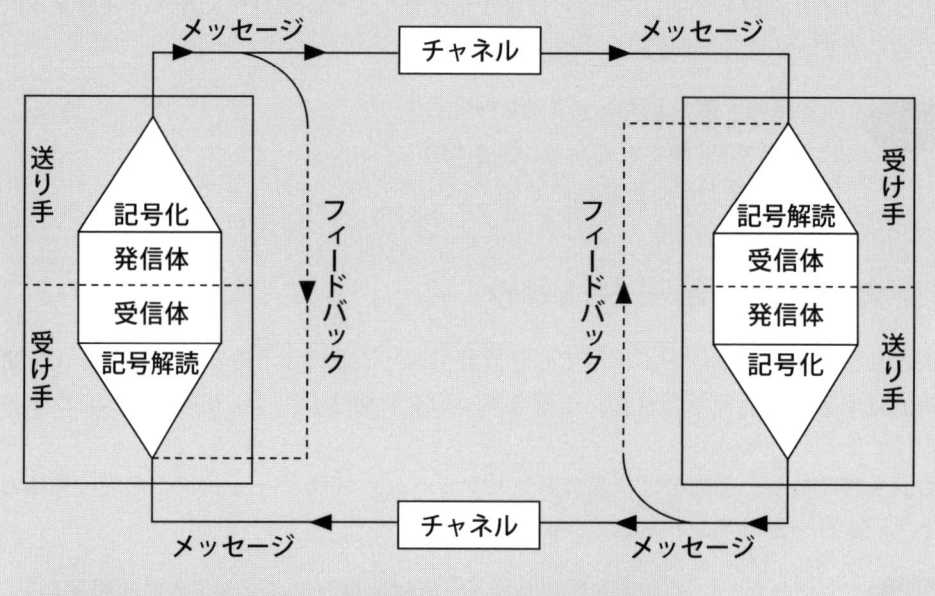

Figure 1 コミュニケーションのプロセスモデル

［出典］竹内郁郎「社会的コミュニケーションの構造」『現代の社会とコミュニケーション 1　基礎理論』p.113（東京大学出版会、1973）

 聞き方と話し方の分析

　「良い会話」とはどのような会話でしょうか。面白い話題がたくさん出てくる会話でしょうか。自分の言いたいことをじっくり聞いてもらえる会話でしょうか。

　会話は聞く人と話す人によって成り立っています。また、聞く・話すが繰り返されることで成り立ってもいます。でも、そこで行われていることは「聞く」と「話す」だけではありません。じっくり捉えていくと、「伝える」「受け止める」「共有する」といったことも生み出されていることに気づきます。普段の何気ない会話について、普段にない深さで考えてみましょう。

1 ●● ３分間の会話 〜時間感覚の把握〜

　クラスメイトや友人などをパートナーに、＜基本編＞1-7（12ページ）や1-8（13ページ）を見ながら、３分間を計って会話してみましょう。パートナーに関することは、巻末の「インタビューメモ」（14〜15ページ）に書き留めましょう。会話にあたって注意する点は次の通りです。

① 挨拶・自己紹介からスタート
②「話す」「聞く」のバランスを均等に
③ ３分間お互いに楽しく話す

2 ●● 一言フィードバック

　人と会話をする場面は沢山あっても、自分に対してどのような印象を持ったかを聞ける機会はあまり多くありません。正確な第一印象を聞けるのは、初めて話した直後の一度だけです。

　会話を終えたら、巻末の「一言コメントフォーム」（116ページ）にその時の会話のパートナーから一言コメントをもらいましょう。

ルール
① お互いにテキストを交換して、日付と短いコメント、名前を記入
② マイナス面よりも良かったところや関心を持ったことに注目

3 ●● オノマトペフィードバック

　あなたは周りの人からどのように見られているのでしょうか。「キラキラ」「ふわふわ」「サラサラ」といったオノマトペ（擬音語・擬態語）ならば、直感的な印象が伝わるかもしれません。一言コメントに合わせ、巻末の「オノマトペコレクション」（117ページ）の人型にあなたの印象を表すオノマトペをいくつでも書き入れてもらいましょう。

4 ●● コミュニケーションとは？

　コミュニケーションとはどのようなことだと思いますか？　あなたの考えを以下の欄に書いてみましょう。

```
┌┈┈┈┈┈┈┈┈┈┈┈┈┈┈┈┈┈┈┈┈┈┈┈┈┐
┊                              ┊
┊                              ┊
┊                              ┊
┊                              ┊
┊                              ┊
┊                              ┊
└┈┈┈┈┈┈┈┈┈┈┈┈┈┈┈┈┈┈┈┈┈┈┈┈┘
```

　　　　　　※上のように点線で記入欄が用意された課題は、その時に感じ
　　　　　　　たことや頭に浮かんだことをありのままにメモしていくこ
　　　　　　　とが重要です。考え過ぎることなく、ひらめきと感情と勢
　　　　　　　いを大切に取り組んでください。
　　　　　　（以降の点線欄の課題でも、同様に意識してみましょう。）

5 ●● みんなでコミュニケーションを考える

コミュニケーションとは何かを周囲の人と話し合い、出てきた意見を書き留めましょう。

6 ●● わたしの聞き方・話し方 〜自己分析〜

あなたの聞き方の特徴は？ 話し方の特徴は？ 細かなことも書いてみましょう。

聞き方	**例** 相手の目をよく見ている
話し方	**例** 一度話し出すと止まらない

7 ●● わたしの聞き方・話し方 〜周囲からの分析〜

あなたの聞き方や話し方の特徴について気づいた点を、周りの人から書いてもらいましょう。

聞き方	
話し方	

8 ●● 聞き上手・話し上手の分析

　あなたが思う聞き上手な人、話し上手な人にはどのような特徴があるでしょうか？ テレビ番組のインタビュアーや芸能人、身近な友人など、特定の人を思い出して、じっくり分析してみましょう。

代 表 的 人 物	特 徴
聞き上手	
話し上手	

9 ●●●条件付き会話の実践①
～笑顔禁止・あいづち禁止～

次の約束を守って、できる限り会話を続けてみましょう。その際にどんな気持ちになったか、会話は盛り上がったかなど、感想を以下の欄に記入してください。

テーマ 旅行に行くならどこ？　　**ルール** ① 笑顔禁止
　　　　　　　　　　　　　　　　　　　　　　② あいづち禁止
　　　　　　　　　　　　　　　　　　　　　　③ 3分間お互いに楽しく話す

10 ●●● 条件付き会話の実践②
～プラスのフィードバック～

「つまらない」「興味ない」というメッセージを相手の態度から受け取ったら、あなたはその後も話し続けたいと思うでしょうか。そうしたマイナスのメッセージは、会話を一気に冷やしてしまいます。

前項のような、「笑顔なし・あいづちなし」がまさにマイナスのメッセージ。今度はプラスのメッセージを思い切りフィードバック（＝相手に反応として返すこと）して、会話の印象を確認しましょう。気づいたことは次ページの欄にメモしてください。

テーマ 好きな食べ物・嫌いな食べ物

ルール ①「話す」「聞く」のバランスを均等に
　　　　　② 3分間お互いに楽しく話す
　　　　　③ 話題に合わせて積極的に笑顔を見せる
　　　　　④「続きは？」「それ、すごいね！」などの言葉を積極的に挟む
　　　　　⑤ 3分間が終了したら、「楽しかった」「面白かった」「また話したい」など
　　　　　　最後に短い感想をフィードバックする

```
┌ ─ ─ ─ ─ ─ ─ ─ ─ ─ ─ ─ ─ ─ ─ ─ ─ ─ ─ ─ ─ ─ ─ ┐
│                                              │
│                                              │
│                                              │
│                                              │
│                                              │
│                                              │
│                                              │
└ ─ ─ ─ ─ ─ ─ ─ ─ ─ ─ ─ ─ ─ ─ ─ ─ ─ ─ ─ ─ ─ ─ ┘
```

11 ●● 条件付き会話の実践③ 〜顔と身体で会話する〜

　聞き手となっているとき、あなたの顔や身体はどのくらい反応しているでしょうか。顔や身体からのメッセージだけで話し手を安心・納得させることができるとしたら、もう、こわいものなしです。ここでは、①言葉を発する話し手と②声を出さずに応える聞き手の２役を交替で体験して、会話を楽しみましょう。会話がスムーズに続いたか、どうすればより良い反応になるかなど、気づいた点は下のスペースにメモしましょう。

テーマ 好きなテレビ番組

ルール ① ジャンケンで勝った方が最初の話し手、負けた方は最初の聞き手に
　　　　 ② 聞き手は声出し禁止（話し手は制限なし）
　　　　 ③ ２分間お互いに楽しく話す
　　　　 ④ 聞き手は声を出せない分、顔と身体を使って積極的に反応を示す
　　　　 ⑤ 話し手は聞き手の反応に応じて話を続ける

```
┌ ─ ─ ─ ─ ─ ─ ─ ─ ─ ─ ─ ─ ─ ─ ─ ─ ─ ─ ─ ─ ─ ─ ┐
│                                              │
│                                              │
│                                              │
│                                              │
│                                              │
│                                              │
│                                              │
│                                              │
└ ─ ─ ─ ─ ─ ─ ─ ─ ─ ─ ─ ─ ─ ─ ─ ─ ─ ─ ─ ─ ─ ─ ┘
```

12 ●● 閉ざされた質問・開かれた質問

　顔や身体で聞き手としての反応を示せるようになったら、今度は質問に目を向けてみましょう。

　質問には次の2つの種類があります。初めて話す人や自分からあまり積極的にしゃべりたがらない人の場合には、「閉ざされた質問」の方が負担にならないかもしれません。逆に、ある程度コミュニケーションがとれた後の人ならば、「開かれた質問」の方が会話が盛り上がり、相手についてより深く知ることができるかもしれません。相手にとって答えやすい質問かどうかを考えながら、積極的に質問してみましょう。

closed questioning

「はい」「いいえ」など、答え方が限られている質問

例　「甘いものは好き？」「兄弟は何人いる？」「出身地は？」
　　「この映画、見たことある？」「英語は得意？」

ある程度コミュニケーションがとれたら…

open questioning

答え方が自由で、応答の内容を相手に委ねる質問
「そのとき、どんな気持ちだった？」「なぜこの学校を選んだの？」
「その映画のどんなところが好き？」「どうやって勉強する？」

13 ●● 良い質問の条件

　良い質問は相手に対する関心や理解を正しく相手に伝えてくれます。就職面接でも「質問はありませんか？」としばしば確認されますが、とりあえずの質問では逆に評価を下げることになりかねません。相手にとっても自分にとっても良い質問となるよう、次の4箇条を意識してみましょう。

い　**答える側が答えたいと思える**
　　相手が積極的に答えたいと思える質問ならば、その後の会話も弾みます。

ろ　**自分自身が聞きたいと思える**
　　自分自身も聞きたいと思えることならば、相手からの答えに対する自分の
　　反応もさらに強く、積極的なものになります。

は それまでに得た相手の情報を踏まえている
それまでの相手に対する理解や関心の深さを示すことにもなります。

に 段階を踏んでいる
いきなり踏み込んだ質問をせず、答えやすい質問から順を追うようにすると、相手の心理的な負担や緊張、警戒心を軽くすることができます。

14 ●● 聞き上手セルフチェック

　いくら積極的に相手の話を聞いているつもりでも、それが相手に伝わらなければ良い循環は生まれません。以下のチェックリストであなたの「聴く態度」を確認しましょう。できていないと感じたところは、意識して実践を！

〔基本意識〕□ 会話の相手に対して「知りたい」という関心を持っている
　　　　　　□ 相手の言葉をしっかり受け止め、相手の表情や態度を捉えようとしている

〔基本態度〕□ 顔だけでなく身体ごと相手の方に向けている
　　　　　　□ 相手の方に向けて若干前傾姿勢で聞いている
　　　　　　□ 相手の目を見ている
　　　　　　□ 相手の話に合わせて自分の表情が変化している

〔基本反応〕□ 話の内容に合わせて、うなずきやあいづちで反応している
　　　　　　□ 短い感想や「もっと聞きたい」という気持ちを伝える言葉を示している
　　　　　　□ 相手の言葉を繰り返したり、言い換えたりして理解したことを示している

〔質　　問〕□ 積極的に質問して相手の話をさらに引き出している
　　　　　　□ 質問の形式（閉ざされた／開かれた質問）や質問の内容など、相手の答えやすさに配慮している

〔締め括り〕□「楽しかった！」「話せて良かった！」「また話したいね」など、次につながる言葉を添えている

15 ●● 困ったときにはこんな話題

　あまり親しくない人と話す場面は少なくありません。学校の友達なら、学校であった出来事などをすぐに話題にできますが、初めて話す人や、たまたまバスを一緒に待つことになった人とはどのようなことを話しますか？　相手の年代と性別ごとに分けて考えてみましょう。

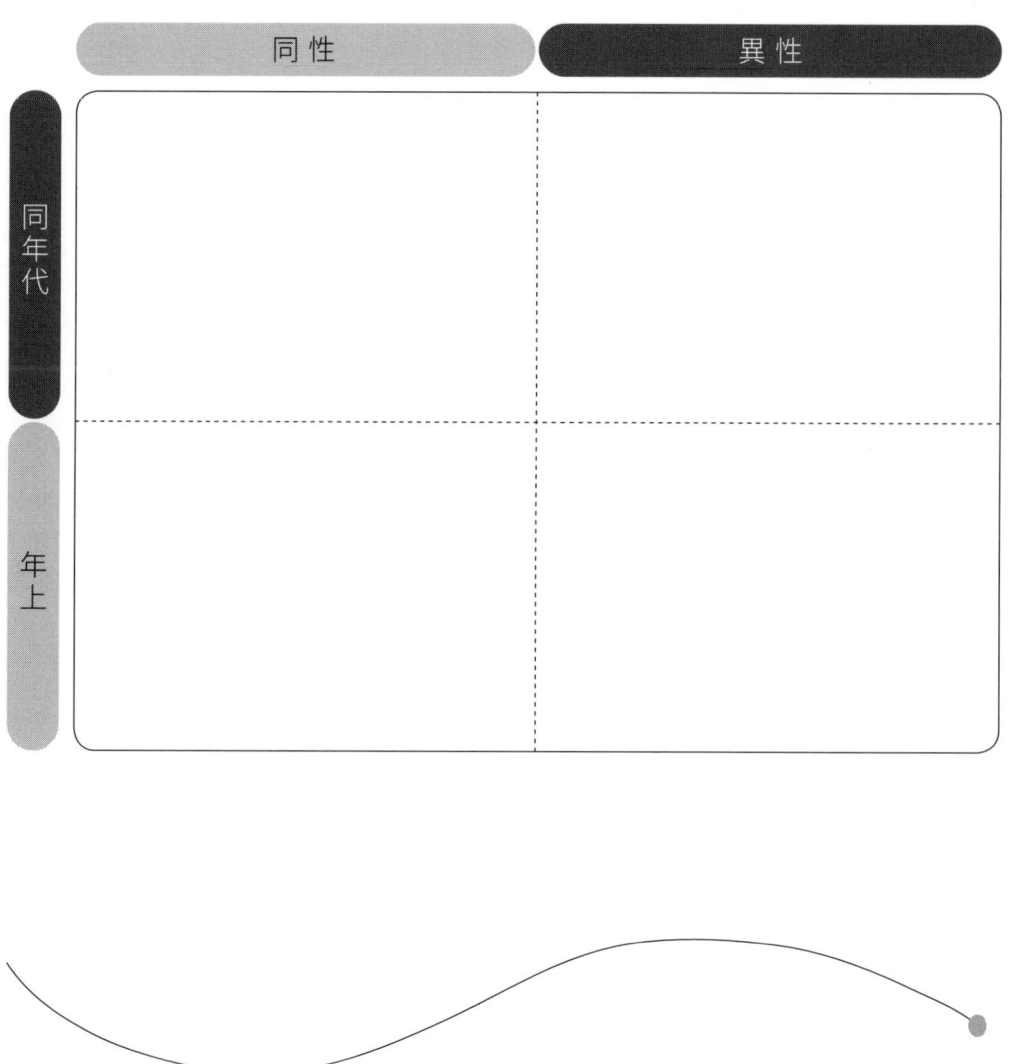

16 ●● 話題のいろいろ

　誰でもある程度共有できる話題は、「木戸に立てかけし衣食住」として頭文字がまとめられています。自分自身の普段の会話では、どのような話題を自分から提示することが多いでしょうか。以下の中から、よく話題としている項目に○を付けて自分の傾向を分析してみましょう。

○	読み	項目	内容
	キ	季節・気候	季節ごとの気候の変化や風物、景色、年中行事などに関する話
	ド	道楽	自分や相手の趣味や好きなもの、関心を持っていることに関する話
	ニ	ニュース	ニュースやスポーツ、芸能関係などの話
	タ	旅	旅行で訪ねた先や今後の旅行計画の話
	テ	天気・テレビ	天気や気温、その時の空模様、テレビ番組に関する話
	カ	家族・家庭	自分や相手の家族・家庭に関する話
	ケ	健康	自分や相手の健康状態、健康法、サプリメントや健康グッズなどに関する話
	シ	仕事	自分や相手の仕事や学校に関する話
	衣	ファッション	自分や相手の着ている服や服の好み、トレンドのファッションに関する話
	食	食べ物	自分や相手の好きな食べ物、最近食べた物、話題のレストランなど、食に関する話
	住	住まい	自分や相手の住んでいる所や出身地、住環境に関する話

17 ●●● 話し上手の秘訣

　16項（36ページ）では、話題について考えてみましたが、「わたし、面白い話題なんてないし…」と思う人は少なくないようです。でも、お笑い芸人が大爆笑を誘うネタを一言一句真似したとしても、ほとんどの場合、全く面白くなりません。これはなぜなのでしょうか。周囲の人と話し合ってみましょう。

18 ●●● 話し下手セルフチェック

　話し手として自信のない人は、話題の広げ方に悩むよりも、次のような「話し下手」要素から卒業することが重要です。当てはまるものがあったら、矢印以降のように意識してみましょう。

□ 一人で話し続ける　　　　　　　　　→話す・聞くが均等になるようにバトンタッチを

□ 声に抑揚がない　　　　　　　　　　→意識的に声の高低を工夫してみましょう

□ 声が小さい　　　　　　　　　　　　→聞き取りやすい声の大きさに

□ 話題に応じて表情が変化しない　　　→表情をやや強調するつもりで

□ 身振り手振りが全くない　　　　　　→やや大げさに身振り手振りしてみましょう

□ 聞く側の反応に全く関心がない　　　→聞く人も自分も楽しく、という意識を

19 ◐● 良い会話とは

　ここまで、聞く・話すといった側面から会話について考え、条件付きの会話にも取り組んできました。「良い会話とは何か」という問いに対して、あなたなりの考えが生まれたかもしれません。

　良い聞き手は、決して音声を受け取ることに徹しているわけではありません。良い話し手とは、決して話題が豊富ということではありません。会話は相手があって初めて成り立つものであるということを前提に、「良い会話とは何か」を以下にまとめてみましょう。

積極的傾聴 Active Listening

　＜基本編＞２では、聞き方や話し方について考えました。自分自身の聞き方についても気づいたことがたくさんあるでしょう。じっと耳だけを働かせて聞くということはむしろ難しいことで、私たちは全身を使って相手の話を聴いています。

　「傾聴（けいちょう）」という言葉を聞いたことはあるでしょうか。日常的にも使われる言葉ですが、「傾」という漢字が示すように、耳も身体も心も相手に傾けて熱心に話を聴くことを言います。心理カウンセリングにおいても、「積極的傾聴（active listening）」として、こうした姿勢は非常に重視されます。臨床的なカウンセリングを行うためには、専門的なトレーニングを重ねる必要がありますが、ベースには次の表のような傾聴技法があります。表中の「クライアント」とはカウンセリングを受ける側の患者を指します。でも、これを「相手」と置き換えて読んでも何ら違和感がないことに気づくことでしょう。私たちが日常的に示している反応も、専門的な視点で見ると、このような細かな技法に分解することができるのです。

　とはいえ、会話の中心に置くべきは、技法ではなく相手。カウンセリングの手法にも学びながら、その時、その場の相手に合った、あなたなりの聴き方を工夫してみましょう。

Table 1　傾聴の技法

第1技法 「受容」技法	クライアントの身になること。評価的でないフィードバックをすること。 例 「そうですね」「なるほど！」「うん…うん」とうなずいたり、相槌を打ったりする。「それから（それで）」と促す。
第2技法 「繰り返し」技法	クライアントの発した言葉（単語、短文）を言って返すこと。 例 「何とかここに来たんですね」「ホッとするんですね」
第3技法 「明確化」技法	クライアントがうすうす気づいていることを言語化して、自分の気持ちと対決させること。感情の明確化、事柄の明確化の二種類がある。 例 「後悔しているのね」（感情の明確化） 「新学期が始まってバタバタしているのですね」（事柄の明確化）
第4技法 「支持」技法	クライアントの言動に賛同を表すこと。 例 「私もそうしたと思います」「それはよかった」「大変でしたね」 「あなたがそう思うのは当然ですよ」
第5技法 「質問」技法	クライアントの思考・行動・感情について問いかけること。 例 「外は寒いですか」「いつ頃からですか」「これからどうするつもりですか」 「人に誤解されるのはどういうわけですか」

［出典］『人生にいかすカウンセリング―自分を見つめる 人とつながる』pp.60-75（諸富祥彦編、有斐閣、2011）

3 他己紹介に挑戦

　私たち日本人の苦手なことの一つに、自分自身の良さを認めることがあります。＜基本編＞第1章を経て、ある程度自分自身の魅力が分かってきたかもしれませんが、それを真正面からアピールすることは不得意といった方が適切でしょう。

　そこで、人の力を借りようというのがこの章の趣旨です。人から自分の良いところをアピールしてもらい、人の良いところをアピールすることで、プレゼンテーションと相互交流の方法をさらに磨いていきましょう。

1 ●●● 他己紹介のルール 〜基本編〜

　他己紹介とは、自分ではない誰かを他人に紹介することです。クラスの中の「運命のパートナー」や、特定の誰かとお互いに交流を深め、他己紹介に挑戦しましょう。ここでの他己紹介は、次の内容を原則とします。

ルール
① 時間は1分間。1分±5秒（55秒から1分05秒）を目標に
② 1分間の計測は、名前程度の簡単な自己紹介と「○○さんを紹介します」という宣言の後からスタート
③ パートナーの魅力をしっかりアピール
④ 事前の情報交換を入念に行う（趣味や好きな食べ物、血液型、出身地といった情報だけでは全く面白くありません。あなたでなければ発表できないことこそ大事です）
⑤ アピールシート（2項参照）を使って、視覚的にも魅力を強調
⑥ 同年代だけでなく、社会的にもパートナーが高く評価されるようにアピールする

2 ●●● アピールシート作成

　パートナーのアピールの一アイテムとして、アピールシートを作成してみましょう。準備するものはA4のコピー用紙1枚と筆記用具、そして、パートナーに関する情報だけ。あなたのアイデアと努力次第で、ただのA4の白紙が強力なアピール素材に変わります。

| オモテ | パートナーの氏名 キャッチフレーズ | ウラ | パートナーの紹介内容メモ ・読み上げる原稿ではなく、・箇条書きで ・紹介するポイントを ・メモ程度に用意しましょう |

ルール

① イラストを描いても OK

② カラーペン、色鉛筆等で、見易く装飾する

③ シールや色紙、レースやリボン、写真や切り抜きなどを貼り付けても OK

④ 発表時に観客との距離があることを前提に、見やすさに留意して色やデザインを検討する

⑤ 発表終了後、パートナーにシートをプレゼントすることを前提に作成する（他己紹介のパートナーが喜んでくれるようなものを作りましょう）

3 ●● パートナーにインタビュー

　＜基本編＞第2章の「話し方と聞き方の分析」の内容を思い出しながら、他己紹介のパートナーにインタビューしてみましょう。その人の独自性が感じられる要素やエピソード、あなた自身がその人から感じ取った印象などは、他己紹介の際に大いに役立ちます。積極的にメモしましょう。（次のページに続きます。）

パートナー氏名	
パートナーの所属	
基本情報	

エピソード	
パートナーの印象	

4 ● ● パートナーをプロデュース① 〜要素の整理〜

　インタビューで聞き出したことの全てが魅力的に感じたとしても、発表の1分の間にその全てを紹介することはほぼ不可能です。3項（41ページ）のインタビュー記録の中から特にアピールしたい点に下線を引いたうえ、絞り込んだ要素を以下に書き出してみましょう。

5 ●● パートナーをプロデュース②
〜キャッチフレーズの準備〜

　5項の段階でパートナーの魅力が整理できたでしょうか。今度はその魅力を言い表すような、あるいは、その魅力の説明に繋がるようなキャッチフレーズを練ってみましょう（＜基本編＞1-12 や 1-13 も参考に）。

　ある程度考えたらパートナーに確認してもらい、お気に入りのキャッチフレーズの左欄に◎を付けてもらいましょう。

例　よくしゃべる招き猫　　　　しゃべり出したら止まらないところと、廃部寸前だった部活やサークルが、彼女が入った後から見事に再生したことをアピール。

◎	キャッチフレーズ	理 由
	①	
	②	
	③	
	④	
	⑤	

6 ●● プレゼンテーションへの展開

　パートナーを魅力的に紹介するためには、内容の順序や時間配分も重要です。以下の欄にまとめた上、紹介の順序や各要素にあてる時間のバランスなどを考えてみましょう。

キャッチフレーズ

要　点	具体的な紹介内容
冒頭	
中盤	
締め括り	

7 ●● 紹介内容のセルフチェック

　パートナーの紹介内容はだいたい固まってきたでしょうか？ パートナーのどのような側面に注目するかによって、紹介される人の見え方も全く異なるものになります。パートナーとのやり取りを重ねたあなただからこそできる他己紹介になっているかどうか、次のチェックリストで確認してみましょう。

□ パートナーの魅力の中でも、他の人にない特徴に特に注目している

□ パートナーの魅力の中でも、社会から求められる要素や関心が集まりそうな要素を取り上げている

□ パートナーの特徴だけでなく、その特徴を表すようなエピソードなどが含まれている

□ 血液型は△型、出身地は○○県、好きな食べものは××のように、基本的な情報の羅列になっていない

□ パートナーとの交流から感じた印象やパートナーに対する思いなど、あなた自身の考えや気持ちが含まれている

□ 全体のまとまりがあり、スムーズな流れができている

----

8 ●● 他己紹介リハーサル

　他己紹介はプレゼンテーションを以て完成します。いくら良い内容を用意していても、伝える態度によってはパートナーの魅力が全く伝わらないこともあり得ます。パートナーの専属プロデューサーになったつもりで、精一杯パートナーの魅力を伝える練習をしましょう。

　周囲の人から評価してもらえる場合には、次の項目について5段階で評価してもらいましょう。また、最後に総合評価とアドバイスも併せてもらってください。

項目評価
5＝良くできている
4＝できている
3＝ふつう
2＝できていない
1＝全くできていない

総合評価
A＝優
B＝良
C＝可
D＝不可

	時　間	分　　秒	分　　秒	分　　秒	分　　秒
評価項目	a. キャッチフレーズやエピソードなど、印象に残る具体的要素が盛り込まれているか	／5	／5	／5	／5
	b. 社会的に認められる要素をアピールできているか	／5	／5	／5	／5
	c. 独自の要素が前面に出ているか	／5	／5	／5	／5
	d. 要素の羅列でなく、スムーズな流れができているか	／5	／5	／5	／5
	e. 声の大きさは適切か	／5	／5	／5	／5
	f. 話すスピードは適切か	／5	／5	／5	／5
	g. 穏やかでにこやかな表情か	／5	／5	／5	／5
	h. 聞いている人の方に目を配っているか	／5	／5	／5	／5
総合評価（A・B・C・D）					

アドバイス

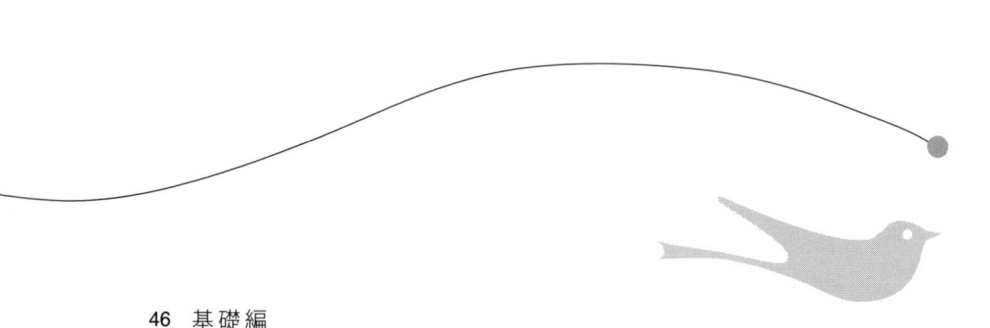

9 ●● ブレインストーミングで
他己紹介をブラッシュアップ

　学級会やミーティングなど、意見交換の場はこれまでにも数多く経験していることでしょう。でも、活発な意見交換ができることは稀^{まれ}なのではないでしょうか。

　ここでは、ブレインストーミング法（Brainstorming）を使って、グループで意見交換してみます。重要なのは、次の原則4箇条をメンバー全員が意識して守ること。メンバーの心がけ次第でグループ全体のムードも活発になり、良いアイデアもたくさん出るようになります。メンバーからの意見は、下のスペースに書き留めましょう。

テーマ　他己紹介のレベルアップ
　　　　　〜パートナーをより魅力的にアピールするためにはどうしたらよいか〜

制限時間　5分間
　　　　　　（集中して取り組める時間は10分程度と言われています）

原則　①まずは量　Go for quantity.
　　　　（アイデアの質は問いません。アイデアの量を増やすことこそ重要です）
　　　　②批判厳禁　Withhold criticism.
　　　　（アイデアを出さないのは批判が怖いから。どんな意見でもお互いに批判しないことを約束します）
　　　　③求む、奔放^{ほんぽう}意見　Welcome wild ideas.
　　　　（粗削りなアイデア、突飛なアイデアも大歓迎。どんなアイデアも発言しましょう）
　　　　④アイデアの足し算OK　Combine and improve ideas.
　　　　（他の人の意見を足し合わせたり、改良したりすることで、アイデアを出しても構いません）

アイデアのメモ

10 ●● 早口言葉でウォーミングアップ

　プレゼンテーションには、滑舌の良さも重要です。お腹から声を出すことを意識しながら、早口言葉でウォーミングアップしましょう。正確に言えなくとも、そこで止まらずに、思い切って大きな声を出しましょう！

「ブラジル人のミラクルビラ配り」

「引き抜きにくい挽肉は引き抜きにくい温い（ぬくい）肉」

「新人歌手新春シャンソンショー」

「お綾や、親にお謝り。お綾や八百屋にお謝りとお言い」

「骨粗鬆症訴訟勝訴（こつそしょうしょうそしょうしょうそ）」

---

11 ●● 他己紹介プレゼンテーション

　以下のルールを守って、ここまで練ってきた他己紹介の成果をお互いに披露しましょう。観客となる場合には、次の欄に各発表のキャッチフレーズや評価を記入し（5＝良くできている、4＝できている、3＝ふつう、2＝できていない、1＝全くできていない）、最後にMVPを選考しましょう。

ルール　① 紹介されるパートナーは発表者の右脇に立つ

　　　　　② アピールシートを観客側に提示する

　　　　　③ 1分±5秒を目標に与えられた時間を使い切る

　　　　　④ 観客となるメンバーは交替で時間計測係を務める

　　　　　⑤ 全発表終了後にMVP（最優秀者）を選考する

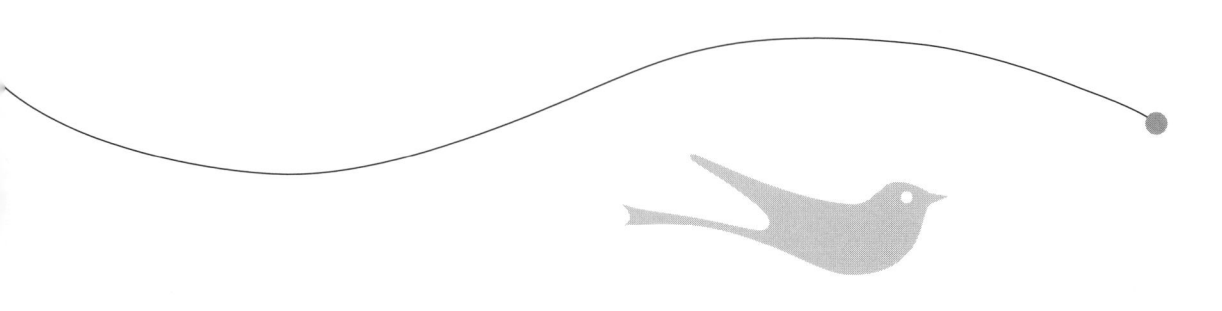

	MVP	紹介される人	キャッチフレーズ	内容	シート	発表態度	合計	時間
1				/5	/5	/5	/5	分　秒
2				/5	/5	/5	/5	分　秒
3				/5	/5	/5	/5	分　秒
4				/5	/5	/5	/5	分　秒
5				/5	/5	/5	/5	分　秒
6				/5	/5	/5	/5	分　秒
7				/5	/5	/5	/5	分　秒
8				/5	/5	/5	/5	分　秒
9				/5	/5	/5	/5	分　秒
10				/5	/5	/5	/5	分　秒
11				/5	/5	/5	/5	分　秒
12				/5	/5	/5	/5	分　秒
13				/5	/5	/5	/5	分　秒
14				/5	/5	/5	/5	分　秒
15				/5	/5	/5	/5	分　秒
16				/5	/5	/5	/5	分　秒
17				/5	/5	/5	/5	分　秒
18				/5	/5	/5	/5	分　秒
19				/5	/5	/5	/5	分　秒
20				/5	/5	/5	/5	分　秒

	MVP	紹介される人	キャッチフレーズ	内容	シート	発表態度	合計	時間
21				/5	/5	/5	/5	分　秒
22				/5	/5	/5	/5	分　秒
23				/5	/5	/5	/5	分　秒
24				/5	/5	/5	/5	分　秒
25				/5	/5	/5	/5	分　秒
26				/5	/5	/5	/5	分　秒
27				/5	/5	/5	/5	分　秒
28				/5	/5	/5	/5	分　秒
29				/5	/5	/5	/5	分　秒
30				/5	/5	/5	/5	分　秒
31				/5	/5	/5	/5	分　秒
32				/5	/5	/5	/5	分　秒
33				/5	/5	/5	/5	分　秒
34				/5	/5	/5	/5	分　秒
35				/5	/5	/5	/5	分　秒
36				/5	/5	/5	/5	分　秒
37				/5	/5	/5	/5	分　秒
38				/5	/5	/5	/5	分　秒
39				/5	/5	/5	/5	分　秒

12 ●● 他己紹介を踏まえて
〜良いプレゼンテーションのポイント〜

　より良いプレゼンテーションを目指すなら、良いと思った人を模倣することが第一歩です。魅力的だと感じたプレゼンテーションの内容や発表態度など、ポイントを書き出して次回に活かしましょう。

例　・発表している人自身が発表を楽しんでいた。
　　　・一本調子でなく、あえて間をおくことで注意を引き付けていた。

信頼感の分析と強化

　コミュニケーションに温かさと円滑さを与えるものの一つに、相手に対する信頼感があります。さらに自分自身に対する信頼感もコミュニケーションの在り方を左右します。当たり前で言い尽くされたことのように思われるかもしれませんが、その影響は想像以上に強大です。

　ここで取り上げる信頼感は、「信じる」というよりも、「任せる」「受け止める」という気持ちに近いかもしれません。人間関係で悩んだとき、迷ったときには、相手に任せて受け止めることができているか、自分自身を偽らずに受け止められているかを見つめ直してみましょう。

1 ●● 今のわたしの社会的スキル

　次の質問は、全般的な社会的スキルについて尋ねるものです。次の 18 項目について、普段のあなた自身にあてはまるところの数字に○を付けてください。全ての回答が終わったら、○を付けたところの数字を足して合計点数を出してみましょう。

　54 点を境目とすると[注1)]、あなたは社会的スキルが豊かな方でしょうか？ それとも、改善が必要な方でしょうか？

社会的スキル尺度青年版（菊池 , 1988）	いつもそうだ	たいていそうだ	どちらともいえない	たいていそうでない	いつもそうでない
1. 他人と話していて、あまり会話が途切れないほうですか。	5	4	3	2	1
2. 他人にやってもらいたいことを、うまく指示することができますか。	5	4	3	2	1
3. 他人を助けることが、上手にやれますか。	5	4	3	2	1
4. 相手が怒っているときに、うまくなだめることができますか。	5	4	3	2	1
5. 知らない人とでも、すぐに会話を始められますか。	5	4	3	2	1

6. まわりの人たちとの間でトラブルが起きても、 それを上手に和解できますか。	5	4	3	2	1
7. こわさや恐ろしさを感じたときに、 それをうまく処理できますか。	5	4	3	2	1
8. 気まずいことがあった相手と、上手に和解できますか。	5	4	3	2	1
9. 仕事をするときに、 何をどうやったらよいか決められますか。	5	4	3	2	1
10. 他人が話しているところに、気軽に参加できますか。	5	4	3	2	1
11. 相手から非難されたときにも、 それをうまく片付けることができますか。	5	4	3	2	1
12. 仕事の上で、どこに問題があるかを すぐに見つけることができますか。	5	4	3	2	1
13. 自分の感情や気持ちを、素直に表現できますか。	5	4	3	2	1
14. あちこちから矛盾した話が伝わってきても、 うまく処理できますか。	5	4	3	2	1
15. 初対面の人に、自己紹介が上手にできますか。	5	4	3	2	1
16. 何か失敗したときに、すぐに謝ることができますか。	5	4	3	2	1
17. まわりの人が自分とは違った考えをもっていても、 うまくやっていけますか。	5	4	3	2	1
18. 仕事の目標を立てるのに、 あまり困難を感じないほうですか。	5	4	3	2	1

合計点数（18 〜 90 点）　　　　　　　　　点

注1）ここでは 54 点を基準としますが、世
の中の平均が 54 点であることを示す
わけではありません。

18〜54 点	55〜90 点
□ 低社会的 スキル傾向	□ 高社会的 スキル傾向

［出典］『思いやりを科学する―向社会的行動の心理とスキル』p.199（菊
池章夫、川島書店、1988）

2 ●● わたしに足りないスキル

　人と関わっていく上で、あなたが特に苦手としているのはどのようなことでしょうか。先ほどの分析の中で、1点や2点のところに○を付けた項目は、あなたが不得意とするところです。見方を変えれば、改善を意識することで人間関係が楽に結べるようになるポイントとも言えます。

　1点や2点となった項目の内容をもとに、あなたの今後の課題となるポイントを書き出してみましょう。

　例　人にやってもらいたいことを、うまく指示できるようになろう！（項目2より）

3 ●● 今のわたしの自尊感情

　次の10項目について、普段のあなた自身にあてはまるところの数字に○を付けてください。全ての回答が終わったら、○を付けたところの数字を足して合計点数を集計欄に出してみましょう。

　30点を1つの基準とした場合[注2]、あなたの自尊感情は高い方でしょうか？ それとも、低い方でしょうか？

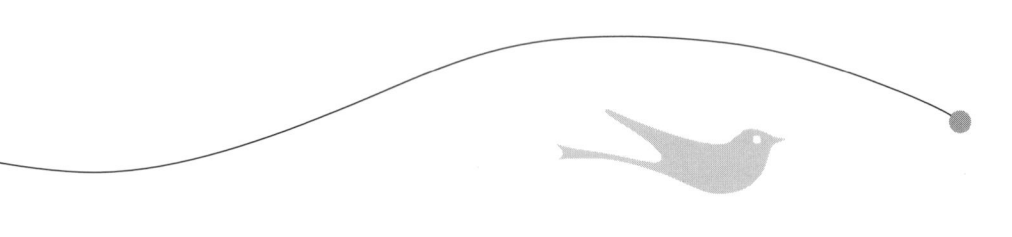

自尊感情尺度（山本・松井・山成 , 1982）

※ Rosenberg(1965) による尺度の邦訳版

	あてはまる	ややあてはまる	どちらともいえない	ややあてはまる	あてはまらない
1. 少なくとも人並みには、価値のある人間である。	5	4	3	2	1
2. いろいろな良い素質を持っている。	5	4	3	2	1
3. 敗北者だと思うことがよくある。	1	2	3	4	5
4. 物事を人並みには、うまくやれる。	5	4	3	2	1
5. 自分には、自慢できるところがあまりない。	1	2	3	4	5
6. 自分に対して肯定的である。	5	4	3	2	1
7. だいたいにおいて、自分に満足している。	5	4	3	2	1
8. もっと自分自身を尊敬できるようになりたい。	1	2	3	4	5
9. 自分は全くだめな人間だと思うことがある。	1	2	3	4	5
10. 何かにつけて、自分は役に立たない人間だと思う。	1	2	3	4	5

注 2）ここでは 30 点を基準としますが、世の中の平均が 30 点であることを示すわけではありません。

合計点数（10 ～ 50 点）　　　　　　点

10 ～ 30 点	31 ～ 50 点
□ 低自尊感情傾向	□ 高自尊感情傾向

[出典]「認知された自己の諸側面の構造」『教育心理学研究』30, pp.64-68（山本眞理子・松井豊・山成由紀子、1982）

4 ●● 今のわたしの信頼感

　次の 17 項目について、普段のあなた自身にあてはまるところの数字に○を付けてください。全ての回答が終わったら、○を付けたところの数字を足して合計点数を集計欄に出してみましょう。

　51 点を一つの基準とした場合[注3)]、人に対するあなたの信頼感は高い方でしょうか？それとも、低い方でしょうか？

対人信頼感尺度（堀井・槌谷, 1995）	そう思う	やや そう思う	どちらとも いえない	やや そう思わない	そう思わない
1. 人は、基本的に正直である。	5	4	3	2	1
2. 人は、多少よくないことをやっても自分の利益を得ようとする。	1	2	3	4	5
3. 人は、頼りにできる人がわずかしかいない。	1	2	3	4	5
4. 人は、ほかの人の親切に下心を感じ、気をつけている。	1	2	3	4	5
5. 人はふつう清く正しい人生を送る。	5	4	3	2	1
6. 人は、成功するためにうそをつく。	1	2	3	4	5
7. 人は、近ごろだれも知らないところで多くの罪を犯している。	1	2	3	4	5
8. 人は、ふつうほかの人と誠実にかかわっている。	5	4	3	2	1
9. 人は、だれかに利用されるかもしれないと思い、気をつけている。	1	2	3	4	5
10. 人は、ほかの人を信用しない方が安全であると思っている。	1	2	3	4	5

11.	人は、ほかの人に対して、信用してもよいということがはっきりわかるまでは、用心深くしている。	1	2	3	4	5
12.	人は、口先でうまいことを言っても、結局は自分の幸せに一番関心がある。	1	2	3	4	5
13.	人は、ほかの人を援助することを内心ではいやがっている。	1	2	3	4	5
14.	人は、自分がするといったことを実行する。	5	4	3	2	1
15.	人は、チャンスがあれば税金をごまかす。	1	2	3	4	5
16.	人は、他人の権利を認めるよりも、自分の権利を主張する。	1	2	3	4	5
17.	人は、やっかいなめにあわないために、うそをつく。	1	2	3	4	5

合計点数（17〜85点）　　　　　　　　　点

注3）ここでは51点を基準としますが、世
　　の中の平均が51点であることを示す
　　わけではありません。

10〜51点	52〜85点
□ 低対人信頼傾向	□ 高対人信頼傾向

[出典]「最早期記憶と対人信頼感との関係について」『性格心理学研究』3,
　　　pp.27-36（堀井俊章・槌谷笑子、1995）

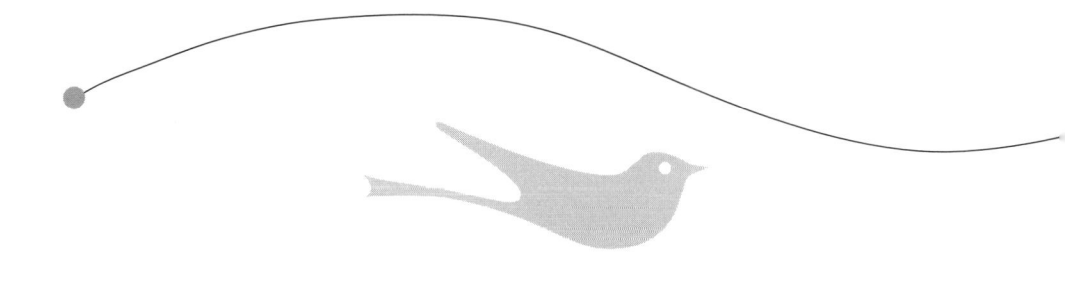

5 ●● わたしの基本的な構え

　行動心理学や交流分析の分野では、自分と他者に対する信頼感によって、人生全体に対する基本的な構えを4つに分類します。こうした構えが、対人関係全てに影響します。自他肯定の姿勢、「I'm OK, you're OK.」と受け止める姿勢を意識することで、2項（54ページ）で挙げたあなたの課題についても、一気に状況が変わるかもしれません。

　先ほどの3項と4項の分析結果（54〜57ページ）は、自分自身と人に対するあなたの信頼感を捉える指標です。以下の中から当てはまるものを選んで□のように記入し、各構えの基本的傾向を確認しましょう。

3. 今のわたしの自尊感情	4. 今のわたしの信頼感	信頼感のタイプ
低自尊傾向	低対人信頼傾向	□ 自他否定
低自尊傾向	高対人信頼傾向	□ 自己否定・他者肯定
高自尊傾向	低対人信頼傾向	□ 自己肯定・他者否定
高自尊傾向	高対人信頼傾向	□ 自他肯定

6 ●● 目隠し歩き

ここからは、あなた自身の信頼感に目を向けるためのワークです。

私たちは目から多くの情報を取り入れています。では、目を閉じて歩くとどのような気持ちになるでしょうか。目を閉じて歩いたときの気持ちを以下の欄に書き留めましょう。

ルール　① 体育館や障害物のない廊下などに移動して行う

　　　　② 怖くなったり、危険を感じたりしたらいつでも目を開けて OK

7 ●● トラスト・ウォーク① 〜声だけ誘導編〜

再び目を閉じて歩きますが、今度は他の人の力を借りてみます。まずはパートナー（できれば他己紹介のパートナー）に声だけで誘導してもらって下さい。以下の欄には、誘導してもらったときの気持ちを書き留めましょう。

ルール　① 誘導する人は目を閉じている人の身体にいっさい触れない

　　　　② ワーク開始前に、「よろしくお願いします！」と元気に挨拶し、握手する

　　　　③ 誘導する人は、目を閉じている人が安心できるようにするにはどのように
　　　　　 したらよいか考える

8 ● ● トラスト・ウォーク② ～密着誘導編～

　7項（59ページ）のワークでは、パートナーの誘導を信じて歩くことができたでしょうか？ 信じることができれば、足どりも恐怖心も軽くなるはずです。今度も目を閉じてパートナーから誘導してもらいます。でも、「声だけ」という制限はなし。密着誘導もOK です。以下の欄には、誘導してもらったときの気持ちを書き留めましょう。

ルール　① 誘導する人は目を閉じている人の身体に触れても OK
　　　　　　（例：手を引く、腕を組む、肩に掴まらせるなど工夫しましょう）
　　　　② 誘導の際に声を出しても OK
　　　　③ ワーク開始前に、「よろしくお願いします！」と元気に挨拶し、握手する
　　　　④ 誘導する人は、目を閉じている人が安心できるようにするにはどのように
　　　　　したらよいか考える

9 ● ● トラスト・フォール

　トラスト・ウォークも難なくできた！という人は、上級編としてトラスト・フォールにチャレンジしましょう。二人一組で障害物のない広い場所に移動した上、次のルールに従って進行します。以下の欄には、倒れる前の気持ちや倒れた後の気持ちを書き留めましょう。

ルール　①「倒れる側」と「支える側」を決める
　　　　②ワーク開始前に、「よろしくお願いします！」と元気に挨拶し、握手する
　　　　③「倒れる側」は「支える側」から 2 足分離れて背を向けて立つ
　　　　④「支える側」は両手を出して構え、準備ができたら「どうぞ！」と声をかける
　　　　⑤「倒れる側」は「支える側」を信じて背中から倒れる
　　　　⑥ うまくいったら、2.5 足分、3 足分と距離をあけてチャレンジする

10 ●● 信頼感を持ってグループワーク①
～今年の流行語大賞予想～

　自分自身や人に対する信頼感が自分自身の行動や感情に大きく影響していることに気づいた方も多いことでしょう。お互いにお互いを受け止めることができれば、できることも増えます。しかも、スムーズに物事が進みます。さらに、同じことをするにも、楽しむことができるようになります。

　次なるステップは、もっと大人数で一つの課題を達成すること。4～6人でグループを作って、次の課題に取り組んでみましょう。その際、「どんどん意見を言っていいんだ」という気持ちや、「みんなからもどんどん意見が出るようにしよう」という気持ちを共有できるように意識しましょう。それがお互いに対する信頼感につながります。

> **課題**　今年の流行語大賞予想
>
> 　今年の流行語大賞となりそうな言葉をメンバー全員で挙げ、グループの意見としてグランプリを決めて下さい。今後、新たに流行する言葉は一切ないものと仮定して構いません。
> 　制限時間は 15 分です。グランプリの選出が済んだら、①選ばれた言葉（流行語大賞予想）、②選出理由をグループごとに発表しましょう。

① 選ばれた言葉（流行語大賞予想）

② 選出理由

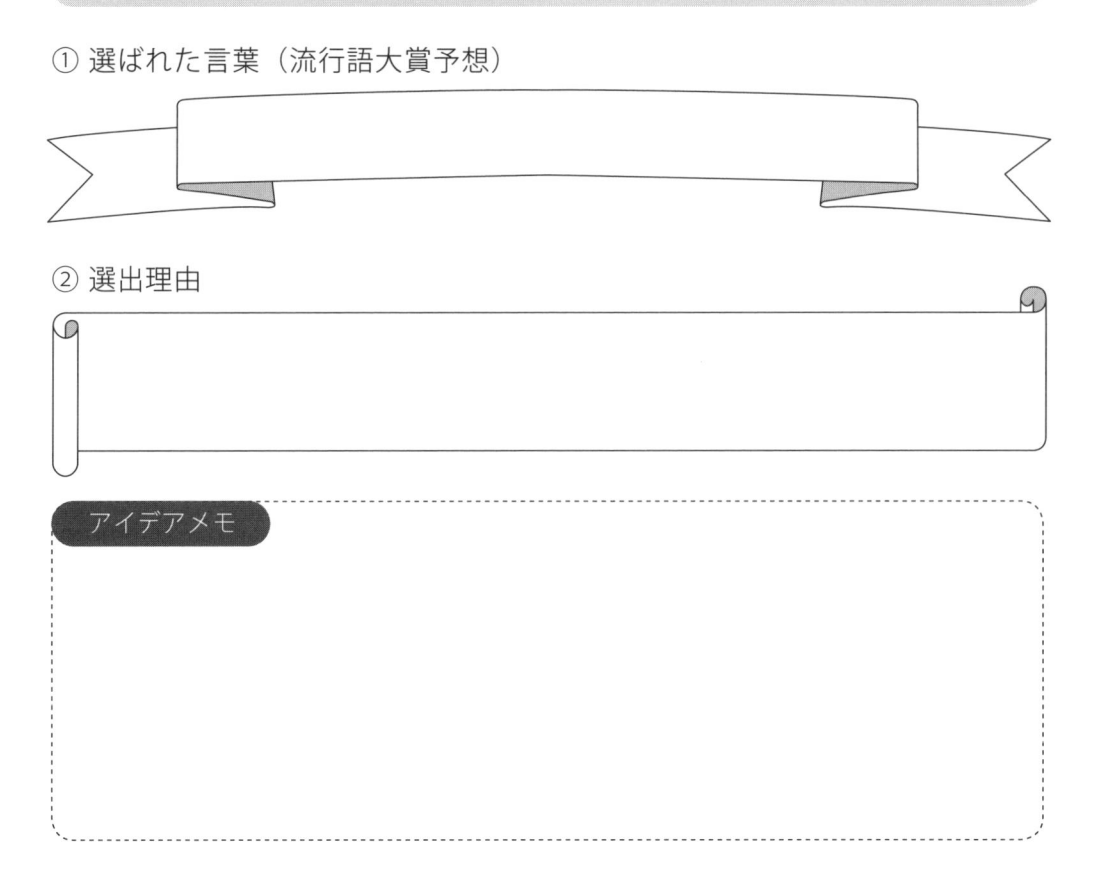

アイデアメモ

11 ●● グループワークの役割分析①
～表面上の役割編～

グループワークの中で、あなたはどのような役割を果たしていますか？

　以下は、表に見えやすく、かつグループワークにおいて欠かすことのできない役割です。10項（61ページ）のグループワークの間のあなた自身を振り返り、当てはまるものの☆を選んで塗りつぶしましょう。

☆	名　称	役　割
☆	進行役	目標や課題遂行に向かって、グループ内の議論や取り組みを進行・誘導する。
☆	記録係	グループ内で出た意見や状況などをメモし、整理する。
☆	タイムキーパー	制限時間を意識し、「残り○分です」のように、メンバーに時間を知らせる。
☆	当てはまる役割なし	

12 ●● グループワークの役割分析②
～メンバー相互における役割編～

　11項（62ページ）の課題では、「当てはまる役割なし」に★が付いた人もいるかもしれません。それでも問題ありません。なぜなら、進行役・記録係・タイムキーパーさえいればグループワークが成立するというわけではないからです。実際には、メンバー相互の関係において、ポジティブな影響を与え合うことの方が重要です。それが結果的にグループの課題達成やチームワークの強化につながっていきます。

　次の表は、グループの中で果たされるべき役割を示します。進行役、記録係、タイムキーパーを務めていたとしても、これらの役割はまた別。いずれか1つでも当てはまっていてほしいものです。

　グループワークの間のあなた自身をもう一度振り返り、当てはまるものを全て選んで☆を塗りつぶしましょう。

☆	名称	役割
☆	アイデアメーカー	課題遂行に向けて、積極的に意見を提示する。課題遂行に有効であるかどうかに関わらず、たくさんの意見を出そうという意欲を見せる。
☆	ムードメーカー	課題遂行に直接的に関わらなくとも、ポジティブな発言や表情によって、グループの雰囲気を盛り上げ、メンバーの意欲を高める。
☆	ファシリテーター	意見を整理したり、意見を出さないメンバーに発言を促したりすることで、課題遂行に向けた調整を加える。
☆	監視役	メンバーの意見を冷静に見極め、グループ全体の流れが課題遂行に正しく向かっているかどうかを判断する。場合によっては、グループの流れを変える発言をする。
☆	当てはまる役割なし⇒	他のメンバーに任せ過ぎてはいませんか？上記のような役割を意識して、グループに積極的に関わる姿勢を見せましょう。

13 ●● 信頼感を持ってグループワーク② ～キャンパス内新ビル建設計画～

　グループの中でのあなたの役割が分かったところで、ワークに再度挑戦しましょう。今度は、新しいビルの開発計画です。4～6人のグループで取り組んで下さい。1つの役割に固執せず、グループの中のバランスを見ながら、積極的にワークに関わりましょう。

課題　キャンパス内新ビル建設計画

　大学のキャンパス内（あるいは所属会社や学校の敷地内）に新しいビルを建設することになりました。4階建てで、学生（社員・生徒）の満足度向上を目的とすることまでは決まっていますが、どのフロアにどのような施設や店舗を入れるのかといった具体的な計画については、自由に意見を出せることになりました。
　制限時間は30分です。①各フロアの構成（施設や店舗など）、②ビルの愛称、③ビルのコンセプトの3つについて、グループの意見をまとめ、グループごとに発表しましょう。

① 各フロアの構成

4F	
3F	
2F	
1F	

② ビルの愛称

③ ビルのコンセプト

アイデアメモ

交流分析 Transactional Analysis

　　<基本編> 4-5（58ページ）では、交流分析における基本的構えについて紹介しました。この交流分析（Transactional Analysis: TA）は、アメリカの精神科医エリック・バーン Eric Berne が提唱した理論です。個人の自我状態を親（P: Parent）、大人（A: Adult）、子ども（C: Child）の3つの層に分け、さらに5つ（CP・NP・A・FC・AC）に分けて解釈することが大きな特徴です。対人的交流の分析（交流パターン分析）にも展開できるように構築されています。

　　<基本編> 1-4（10ページ）にある性格特性も、実はこの交流分析における5つの自我状態に対応しています。この選択傾向のみから確定的なことは判断できませんが、自分自身が思う自分像と理想像、周囲から見た自分像が、それぞれどのような自我状態を反映しているか、以下の表で確認してみると、また新たな発見があるかもしれません。

Table 2　交流分析における5つの自我状態

	分類名	特徴	<基本編> 1-4 における関連語
P	CP (Critical Parent) 批判的親	理想、両親、責任、批判などの価値判断や倫理観など父親的な厳しい部分。創造性を抑え懲罰的で厳しい面が多いが、社会秩序の維持能力や理想追求などの肯定的な面も持っている。	(1)リーダーシップがある (2)しっかりしている (11)頼もしい (12)正義感が強い
	NP (Nurturing Parent) 養育的親	共感、思いやり、保護、受容などの子どもの成長を促進するような母親的な部分。他人に対して受容的で、相手の話に耳を傾けようとする。親身になって世話をし、親切な言葉をかけて相手を快適な気分にする。	(3)温かい (4)思いやりがある (13)穏やか (14)やさしい
A	A (Adult) 大人	事実に基づいて物事を判断しようとする部分。データ処理の際のコンピュータのような働きをする。現実を客観視し、あらゆる角度から情報を収集する。そしてそれらをもとに冷静に計算し推定して意思決定を行い判断を下す。	(5)頭脳明晰 (6)落ち着いている (15)冷静 (16)有能
C	FC (Free Child) 自由な子ども	親の影響をまったくうけていない、生まれながらの部分。自然随順の営みで、快感を求めて天真爛漫に振る舞う。直観的な感覚や創造性の源で、豊かな表現力は周囲に温かさ、明るさを与える。	(7)好奇心旺盛 (8)明るい (17)ポジティブ思考 (18)ユーモアがある
	AC (Adapted Child) 順応した子ども	親たちの期待にそうように、常に周囲に気がねをし自由な感情を抑える「イイ子」の部分。主体性を欠いたまま周囲に迎合し、本来の自分がまったく生かされていない。そのため、常に欲求不満が生じ、劣等感を抱いたり、現実を回避したりする。	(9)謙虚 (10)大人しい (19)周りに気をつかえる (20)素直

［出典］『新版エゴグラムパターン―TEG（東大式エゴグラム）第2版による性格分析―』pp.24-29（東京大学医学部心療内科 編、金子書房、1995）

5 アサーティブに自己表現

　アサーション、アサーティブといった言葉を聞いたことはありませんか？　英語の assertion、assertive といった語は「自己主張」の意味を持ちますが、ここで学ぼうとしているアサーティブな態度は自分も相手も大切にする率直な自己表現を指します。

　あなたの周りの「爽やかな人」「さっぱりした人」の多くは、言うべきことをさらりと伝えていながら、冷たさがなく、相手を傷つけないという特徴があるのではないでしょうか。この章でアサーティブな自己表現を磨けば、あなたも「爽やかな人」の一人になれるでしょう。

1 ●● こんなとき、どうする？

　物事は全て自分の思うように進むわけではありません。次のような場面の場合、あなたならどのような気持ちになりますか？　どのように対応しますか？

> 　あなたは毎週欠かさず見てきたドラマの最終回を見ています。もうすぐクライマックス、今まで隠されてきた主人公の秘密が明かされる！というところで、最近仲良くなったクラスメイトのAさんから携帯に電話がかかってきました。ドラマは放映を見るつもりだったので、録画予約もしておらず、インターネットでの配信もされていません。さあ、どうしましょう…。

気持ち	対応

2 ●● こちらの気持ちとあちらの気持ち

　1項のような場面において、あなた自身とAさんのしたいことは何でしょうか？　次の欄にそれぞれ書いてみましょう。また、1項で考えたあなたの対応は、あなた自身の気持ちやAさんの気持ちを満足させるものになっているでしょうか？　○△×から選びましょう。

あなた	Aさん
1項のあなたの対応で満足させられる？　○　△　×	1項のあなたの対応で満足させられる？　○　△　×

3 ●●　自分優先？　相手優先？　〜3種類の態度〜

　1項（66ページ）であなたが考えた行動は、自分とAさんの両方が満足できる対応でしたか？　それとも、どちらか一方の満足を優先したものでしょうか？　最上段の3つの中から選び、☑ のように記入してみましょう。

　1項の場面に限らず、日々のやりとりの中では、自分の求めるものと相手の求めるものが一致しないことがしばしばあります。そうした場では、その人の自己主張のタイプが顕著に表れます。普段のあなたはどのタイプに近いでしょうか。まずは3つのタイプの特徴を確認しましょう。

□ 自分優先 （あなたの満足＞Aさんの満足）	□ 相手優先 （あなたの満足＜Aさんの満足）	□ 自分も相手もある程度満足 （あなたの満足≒Aさんの満足）
☞	☞	☞

type	アグレッシブ Aggressive	ノンアサーティブ Non Assertive	アサーティブ Assertive
基本的構え	自己肯定・他者否定 I'm OK, you're not OK.	自己否定・他者肯定 I'm not OK, you're OK.	自他肯定 I'm OK, you're OK.
言動の特徴	相手の意見を無視 or 軽視 相手に対して否定的感情や敵意を示す	自分の考えや欲求を抑えて言わない or 相手に分かりにくい遠まわしの言い方をする	率直、正直に自分の思いを語り、相手の思いを語るスペースを残している
権利の尊重	人の権利を踏みにじって相手を大切にしない	自分で自分の権利を踏みにじる	自分の権利のために立ち上がり、相手の権利も侵さない
考えの特徴	「人生は勝たねばならない」「相手を支配して優位に立ちたい」	「葛藤を避けたい」「もめごとを起こしたくない」「自分さえ我慢すれば丸く納まる」	「自分に感情や考えがあるのと同じように、相手にもあるのだから、葛藤が起こるのは当然」

4 ●● あなたの態度の特徴は？

今度はもう少し幅広くあなたの態度の特徴を調べてみましょう。普段、なにげなく過ごしている日常場面を思い浮かべて答えて下さい。16問全てについて回答を終えたら、最後の集計欄に各列の○の総数を書き入れましょう。

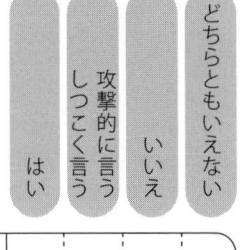

アサーティブ・チェックリスト（小柳, 2008）
※ 回答方法および集計方法は一部改変

	はい	攻撃的に言う しつこく言う	いいえ	どちらともいえない
1. 相手の良いところに気がついた時、積極的に誉めるほうですか。				
2. 愛情や好意、感謝の気持ちをオープンに相手に表しますか。				
3. 人の話しに積極的に耳を傾けるほうですか。				
4. 相手が自分と違う意見であっても、話し合い、できるだけ分かり合おうとしますか。				
5. 自分の知らないことやわからないことを、人に教えてほしいと頼むことができますか。				
6. 自分のミスを指摘された時、それを認めて素直に謝ることができますか。				
7. 自分が心細く、不安や弱気になっている時、それを口にできますか。				
8. 人の言葉や態度で傷ついた時、怒りや失望の気持ちを（ただ感情に流されるのではなく）言葉で相手に伝えることができますか。				
9. 長電話になりそうで都合の悪い時、相手にそのことを伝えて、電話を切ることができますか。				
10. 意義のある援助や奉仕を頼まれた場合でも、自分に無理な時には断れますか。				
11. 尊敬している（恩のある）人であっても、大事なことで意見が違っている場合、自分の意見を言えますか。				

		アサーティブ傾向	アグレッシブ傾向	ノンアサーティブ傾向	状況依存傾向
12.	公の場（会議や議会）であっても必要であればはっきり異論を唱えることができますか。				
13.	診察を受けた際、医者に自分が欲しい具体的情報をきちんと求めることができますか。				
14.	貸したもの（お金など）を返してほしいと言えますか。				
15.	不当な要求や押し付けを拒むことができますか。				
16.	侮辱や中傷、いわれのない非難を受けた時、きちんと対応して反論できますか。				
集計欄	1〜4　愛情や感謝、肯定的な感情表現				
	5〜8　弱音や本音の表現				
	9〜12　否定、違和感の表現、自己主張				
	13〜16　要求や拒否、反論などの自己主張				

[出典]『アサーティブトレーニング BOOK』pp.24-25（小柳しげ子・与語淑子・宮本恵、新水社、2008）

5 ●● コミュニケーションとは？

　次のような場面において、あなたは相手（下線部）からどのような反応を望みますか？
　3パターンの相手の反応の中から、あなたが最も望むものを1つ選び、右側の白く抜かれた回答欄に○を書き入れて下さい。7問全てについて回答を終えたら、縦方向に○の数を数えて最後の集計欄に○の総数を書き入れましょう。
　あなたが相手に望む態度にはどのような特徴があるでしょうか？

場　面	相手の反応	回答欄		
① どうしても行きたい5,000円のスイーツブッフェがあり、<u>友達</u>を誘いました。でも、その友達はあまりスイーツ好きではありません。	「なんでそんな高いお金払って付き合わなきゃならないの？」と強い調子で答える。			
	しばらく考えてから、「うん、分かった。行くよ」と答える。			
	「ごめん、スイーツに5,000円はちょっと出せないかな…。フレンチのブッフェはどう？」と答える。			
② 毎日朝一番に来て練習を始めている<u>バレー部の後輩を</u>、「毎日よく頑張ってるよね！」と褒めました。	「ありがとうございます！ 先輩からそんな風に言ってもらえてすごく嬉しいです！」と答える。			
	「そんな…お世辞はいいですよ」と目も合わせない。			
	「冗談はやめて下さい！」と強く拒絶する。			
③ <u>上司</u>に頼まれて資料を用意しました。しかし、会議中に大事なページが抜けていることが発覚。会議が終わり、上司とすれ違いました。	「大事な資料なんだ。今度はしっかり確認して出してくれよ。頼りにしてるからな！」と一声かける。			
	何も言わずに作り笑いを浮かべて立ち去る。			
	「何やってんだよ！ 大事な会議で恥かかされたじゃないか！」と厳しく叱責する。			

		アグレッシブ	ノンアサーティブ	アサーティブ
④ 試験期間に入るため、<u>アルバイト先の先輩</u>に勤務を交替してほしいと頼みました。	「…オレも試験が…あ、ま、でも OK！」と答える。		■	
	「なんでオレなの!?」と迷惑そうに答える。	■		
	「悪い、オレもその日テスト前なんだよね。他の子に訊いてみてくれる？」と答える。			■
⑤ 入社式で面接からの知り合いと話していたところ、<u>別の同期のメンバー</u>がこちらを見ています。	勢いよく近づいてきて、「あなたたち、同期よね？」と話に割り込んでくる。	■		
	ときどき、チラリチラリとこちらを見続ける。		■	
	軽く会釈してから近づいてきて、「私、浜口真紀っていいます。よろしくお願いします」と自己紹介する。			■
⑥ 勤務先のパソコンに新しいソフトが導入されました。研修が終わって使い始めたものの、あなたに比べ、<u>同僚は不安がある</u>様子でした。	「ちょっとこの部分がまだ分かっていないんだけど、時間があったら教えてくれない？」と、使い方をあなたに尋ねる。			■
	はかどらない様子で黙々と作業を続ける。		■	
	「あの研修で覚えろって方がムリ！」と研修を非難する。	■		
⑦ 図書館の片隅にあるソファ席で友人と飲み物を片手に話していたら、<u>見知らぬ若い女性</u>が近づいてきました。	何か言いたげな表情をしながら、何も言わずに脇を通っていく。		■	
	「飲食禁止」の机上表示をドン！とあなたの机に置いて立ち去る。	■		
	「ここは飲食禁止ですよ」と静かに伝えて、禁止の机上表示を指さす。			■
集 計 欄				

アグレッシブ　ノンアサーティブ　アサーティブ

6 ●● 2人組で3つの態度のロールプレイ
～買い物ツアー編～

　今度は実際に3つの態度を体験してみます。まず2人組を作り、以下の設定でセリフを声に出してみましょう。1人は友人役、もう1人は「あなた」役。3パターンを演じたら、役を交替してもう一度3パターンを演じます。

　それぞれの態度をとると、どのような気持ちになるのか、どのような気分にさせるのか、味わってみましょう。気づいたことは最後の欄にメモしてください。

　あなたは、仲の良い友達と4人で話していました。おしゃべりを続けるうちに、週末に少し遠出してアウトレットモールまで買い物に出かけようということになり、あなた以外の3人はかなり盛り上がっています。
　「○○も行くよね？」と当然のように訊かれましたが、あなたは妹と別の場所に買い物に行く約束をしていました。

アグレッシブパターン

① 友人A	もちろん、○○も行くよね？ 服とか靴とか買いに行こうよ！
② アグレッシブなあなた	え!? ムリ！ 勝手に決めないでよ。
③ 友人A	※ その時の気分で、一言続けて返答しましょう。

ノンアサーティブパターン

① 友人A	もちろん、○○も行くよね？ 服とか靴とか買いに行こうよ！
② ノンアサーティブなあなた	…そうなんだ。うん、行く！
③ 友人A	※ その時の気分で、一言続けて返答しましょう。

① 友人A	もちろん、○○も行くよね？ 服とか靴とか買いに行こうよ！
② アサーティブなあなた	楽しそうだね。でも、ごめん。 妹と買い物の約束しちゃったんだ。 残念だけど、次のチャンスを待つよ。
③ 友人A	※ その時の気分で、一言続けて返答しましょう。

7 ●● Ｉメッセージでアサーティブに近づく

　アサーティブな対応の特徴の一つとして、Ｉメッセージがあります。

　6項（72ページ）のようなケースで、「私の予定も聞かないでいきなり押し付けてくるなんて、ちょっと非常識だよ」と言われれば、友人たちはかなり傷つくでしょう。「非常識」という言葉が強い上、誰が「非常識」と感じているのかが不明瞭のため、世間全体が友人たちを責めているように響くからです。

　でも、伝えたいのは「非常識だ」ということではなく、確認してから決めてほしかったということのほうでしょう。「アウトレット行きを決める前に私の予定も確認してほしかったなぁ」という言葉ならば、その人自身がどのように思っているか、どうして欲しかったのかがストレートに伝わります。また、発言が世間一般ではなく、その人自身という範囲の中で語られていることも分かります。

　次のような各場面で、何を伝えたいのかという点に注意しながらＩメッセージを考えてみましょう。

場面	アイ メッセージ変換
例 自分にとって都合の悪い日にアウトレットモール行きの計画を立てられてしまった。	「私の予定も聞かないでいきなり押し付けてくるなんて、ちょっと非常識だよね」 ⇒ アウトレット行きを決める前に、私の予定も確認してほしかったなぁ
① パーティーの後で片づけを始めようとしたところ、友人たちはそれに構いもせずにゲームを始めようとした。	「人が片付けようとしてるのに、どういう神経してるの!?」 ⇒
② 貸していた英語の辞書が後輩から返ってきたが、ケースがボロボロになっていた。	「借りた辞書をボロボロにして返すなんて、あり得ない…」 ⇒
③ 母親と弟のために丸いバースデーケーキを買いに出かけたところ、母親は生クリーム、私はチョコレートが良いと意見が分かれた。	「生クリームなんて、あんまりおいしくないじゃん！」 ⇒
④ 大学受験の勉強に追われる中、テレビを見て笑っている小学生の妹が妬ましく思えた。	「小学生って気楽でいいよね」 ⇒

8 ●●● ４人組で３つの態度のロールプレイ 〜おすすめのＴシャツ編〜

　それぞれの態度の特徴が理解できたでしょうか。

　今度は、友人役１人と３パターンの「あなた」役３人の計４人でロールプレイしてみましょう。友人役の人が①のセリフを読み上げたら、「あなた」役の３人は、それぞれの態度で返答します。決まったセリフはありませんから、それぞれが思うアグレッシブ、ノンアサーティブ、アサーティブの態度で自由に応じて下さい。最初の役で４人が一通り演じたら、役を交替してロールプレイを続けましょう。

> あなたは、仲の良い友達と４人で買い物に来ました。
> 洋服を見ていると、友人の１人が「これ、○○にいいんじゃない!?」と１枚のＴシャツをあなたに勧めてきましたが、一見したところあまり気に入りません。

① 友人　　　　　ねえ、○○！ これ、○○にすごく似合うと思う！ 絶対「買い」だよ！

　　　　　　　　※　アグレッシブに返答（以下にあなたなりのセリフを記入）

② あなた A

　　　　　　　　※　ノンアサーティブに返答（以下にあなたなりのセリフを記入）

③ あなた B

　　　　　　　　※　アサーティブに返答（以下にあなたなりのセリフを記入）

④ あなた C

9 ●●● わたしなりのアサーティブ

　ここまで、アサーティブな態度についてロールプレイなどを繰り返して学んできました。言葉の選び方や伝える順序など、あなたなりのアサーティブな態度のポイントを以下に書き出してみましょう。

学問から見るコミュニケーション④

社会的スキル 100

　この本はコミュニケーションスキルを磨くことを目指したものですが、そのコミュニケーションスキルとは、社会的スキル（ソーシャルスキル：social skills）の一部でもあります。
　それでは、その社会的スキルとは何なのでしょうか。相川 (2009) によれば、「対人場面において個人が相手の反応を解読し、それに応じて対人目標と対人反応を決定し、感情を統制した上で対人反応を実行するまでの循環的な過程」と定義されています。少し難しく感じられるかもしれませんが、私たちが人と接する際には相手の様子を反応として捉え、何らかの行動を選択しています。その行動の選択次第で、上手くコミュニケーションが成立したり失敗したりするわけですが、ここで重要なのは、そうした行動を細かく分けて問題を抽出した上、そうした行動を起こす能力（スキル）をトレーニングすることができるということです。以下に挙げられているだけでも、ざっと 100 種類。こんなものもスキルに入るんだ！、ときっと新鮮な発見があるはずです。

Table 3	社会的スキル 100 項目 (菊池・堀毛 , 1994)

A	基本となるスキル	1 聞く　2 会話を始める　3 会話を続ける　4 質問する　5 自己紹介をする　6 お礼をいう　7 敬意を表す　8 あやまる　9 納得させる　10 終わりのサインを送る
B	感情処理のスキル	11 自分の感情を知る　12 感情の表現をコントロールする　13 他人の感情を理解する　14 他人の怒りに対応する　15 他人の悲しみに対応する　16 愛情や好意を表現する　17 喜びを表現する　18 思いやりの心をもつ　19 おちこみ・意欲の喪失に耐える　20 恐れや不安に対処する
C	攻撃に代わるスキル	21 分け合う　22 グチをこぼす　23 ユーモアにする　24 ファイトを保つ　25 和解する　26 他人とのトラブルを避ける　27 自己主張する　28 自己統制する　29 いじめを処理する　30 許可を求める
D	ストレスを処理するスキル	31 ストレスに気づく　32 不平を言う　33 苦情などを処理する　34 失敗を処理する　35 無視されたことを処理する　36 危機を処理する　37 気分転換する　38 自分の価値を高める　39 矛盾した情報を処理する　40 集団圧力に対応する
E	計画のスキル	41 何をするかを決める　42 問題がどこにあるか決める　43 目標を設定する　44 自分の能力を知る　45 情報を集める　46 情報をまとめる　47 問題を重要な順に並べる　48 決定を下す　49 仕事に着手する　50 計画を立てる
F	援助のスキル	51 相手の変化に気づく　52 相手の要求を知る　53 相手の立場に立つ　54 まわりをみる　55 同じ気持ちになる　56 援助の失敗に対処する　57 自分のできることを知る　58 気軽にやってみる　59 相手によろこんでもらう　60 自分の立場を知る
G	異性とつきあうスキル	61 デートの相手を選ぶ　62 自分の情熱を相手に知らせる　63 相手の気持ちを理解する　64 デートを上手にこなす　65 相手との親しさを増す　66 愛することを決意する　67 ケンカを上手にこなす　68 恋愛関係を維持する　69 悪化のサインを読み取る　70 性別や人による恋愛の違いを知る
H	年上・年下とつきあうスキル	71 話を合わせる　72 相手を立てる　73 上手にほめる　74 相手を気づかう　75 相手の都合に合わせる　76 相手のレベルに合わせる　77 だらだら話につきあう　78 バカにされてもつきあう　79「わかった」と言わない　80 上手に叱る
I	集団行動のスキル	81 参加する　82 集団の意義を見いだす　83 仕事に集中する　84 誰に知らせるか　85 規範に従わせる　86 指示に従う　87 決定する　88 会議をする　89 グループシンクを防ぐ　90 グループ内の葛藤を処理する
J	異文化接触スキル	91 キー・パーソンを見つける　92 メタ・レベルで調整する　93「同じ」と「違う」を同時に受け入れる　94 異文化を取り込む　95 文化的拘束に気づく　96 意向を伝える・意向がわかる　97 判断を保留し先にすすむ　98 相手文化での役割行動をとる　99 自分の持ち味を広げる　100 関係を調整する

［出典］『社会的スキルの心理学』p.16（菊池章夫・堀毛 一也、川島書店、1994)

社会人
デビュー編

敬語表現を磨く

　子どもの世界と大人の世界を大きく分けるのは、言葉の使い方かもしれません。大人の言葉には、立場が大きく関わります。

　敬語はまさに、そうした立場の捉え方の上に成り立つ表現です。言葉の選び方からその人の教養や内面が覗かれることにもなります。いわば、窓のような役割を果たすこともあります。

　美しい言葉づかいは、人の心の深いところに響きます。この章では、敬語を磨くことを通じて、社会人としてのコミュニケーション力向上を目指します。

1 ●● 5種類の敬語表現

　敬語には大きく分けて3つ、さらに細かく分けると5つの種類があります。使う対象や立てる先など、意外に分かっていないことも多いものです。まずは敬語表現の基本から理解しましょう。

3種	5種	概要	語形変化の対象	立てる先
①尊敬語	尊敬語	「いらっしゃる・おっしゃる」型 相手側または第三者の行為・ものごと・状態などについて、その人物を立てて述べるもの。 ＜該当語例＞ [行為等（動詞、および動作性の名詞）] 　いらっしゃる、おっしゃる、なさる、召し上がる 　お使いになる、御利用になる、読まれる、始められる 　お導き、御出席、（立てるべき人物からの）御説明 [ものごと等（名詞）] 　お名前、御住所、（立てるべき人物からの）お手紙 [状態等（形容詞など）] 　お忙しい、御立派	相手や第三者の行為・ものごと・状態	その行為・ものごと・状態の主

3種	5種	概要	語形変化の対象	立てる先
②謙譲語	謙譲語Ⅰ	**「伺う・申し上げる」型** 自分側から相手側または第三者に向かう行為・ものごとなどについて、その向かう先の人物を立てて述べるもの。 ＜該当語例＞ 　伺う、申し上げる、お目に掛かる、差し上げる 　お届けする、御案内する	自分側から相手側または第三者に向かう行為・ものごと	その行為やものごとが向かう先の人物
	謙譲語Ⅱ	**「参る・申す」型（丁重語）** 自分側の行為・ものごとなどを、話や文章の相手に対して丁重に述べるもの。 ＜該当語例＞ 　参る、申す、いたす、おる 　拙著、小社	自分側の行為・ものごと	話や文章の相手
③丁寧語	丁寧語	**「です・ます」型** 話や文章の相手に対して丁寧に述べるもの。 ＜該当語例＞ 　です、ます		話や文章の相手
	美化語	**「お酒・お料理」型** ものごとを、美化して述べるもの。 ＜該当語例＞ 　お酒、お料理		話や文章の相手

※「敬語の指針」（平成19年2月2日文化審議会答申）に基づき作成

2 ●● 敬語の種類の判断

　敬語表現でのよくある失敗は、身内に尊敬語を使ってしまったり、目上の人に謙譲語を使ってしまったりなど、敬語の種類を間違えてしまうことです。次の各文の中で、尊敬語には一重の下線、謙譲語には波線で下線を引き、立てる先と敬語表現の対応関係をつかみましょう。

---

① その件は大野部長にお伝えしました。

---

② 古村先生は 19 時過ぎにお帰りになりました。

---

③ 父は出版社に勤めております。

---

④ 御社に先週伺い、新商品に関する最新の資料をいただきました。

---

⑤ 今度のプロジェクトのリーダーに小松さんをご推薦します。

---

⑥ 大変恐縮ですが、ご連絡先をもう一度お知らせいただけないでしょうか。

---

3 ●●● 基本的な敬語の語形変化

　とっさに敬語が出てこない！と焦る場面もありますが、基本的な語形変化さえ頭に入れ
ておけば大丈夫。特に尊敬語の語形変化は、じっくり確認しましょう。

3種｜5種		概　要
尊敬語	尊敬語	**「いらっしゃる・おっしゃる」型** <動詞> 　・お(ご)……になる 　・……(ら)れる（例:読む→読まれる、利用する→利用される、始める 　　→始められる、来る→来られる） 　・……なさる（例:利用する→利用なさる） 　・ご……なさる（例:利用する→御利用なさる） 　・お(ご)……だ（例:読む→お読みだ、利用する→御利用だ） 　・お(ご)……くださる（例:読む→お読みくださる、指導する→御指導 　　くださる） <名詞> 　一般には「お名前」「御住所」のように「お」または「御」を付ける。 　ただし「お」「御」のなじまない語もあるので要注意。 <形容詞・形容動詞> 　語によっては「お忙しい」「御立派」のように、「お」、「御」を付ける。 　また「お」「御」のなじまない語でも「指が細くていらっしゃる」「積極 　的でいらっしゃる」のように「……くていらっしゃる」「……でいらっし 　ゃる」の形で尊敬語にできる。

②謙譲語	謙譲語Ⅰ	**「伺う・申し上げる」型** <動詞> 　・お（ご）……する 　・お（ご）……申し上げる 　・……ていただく（例：読む→読んでいただく，指導する→指導していただく） 　・お（ご）……いただく（例：読む→お読みいただく、指導する→御指導いただく） 　・……ていただく（例：読む→読んでいただく、指導する→指導していただく） <名詞> 　一般には「（先生への）お手紙」「（先生への）御説明」のように「お」または「御」を付ける。ただし「お」「御」のなじまない語もあるので要注意。このほか、「拝顔」「拝眉」のように、「拝」の付いた謙譲語も。
	謙譲語Ⅱ	**「参る・申す」型（丁重語）** <動詞> 　・……いたす（例：利用する→利用いたす） <名詞> 　「愚見」「小社」「拙著」「弊社」のように「愚」「小」「拙」「弊」を付けて、謙譲語Ⅱとして使うものがある。ほぼ書き言葉専用。
③丁寧語	丁寧語	**「です・ます」型** 「です」「ます」を付ける上で留意を要する点は特になし。
	美化語	**「お酒・お料理」型** 美化語のほとんどは名詞あるいは「名詞＋する」型の動詞。一般に「お酒」「お料理（する）」のように「お」を付ける。ただし「お」のなじまない語もあるので要注意。

※「敬語の指針」（平成19年2月2日文化審議会答申）に基づき作成

4 ●● 特定形の敬語変化 ～日常で出番の多い敬語～

　前述のように、敬語はある程度決まった変化によって表現されますが、英単語の変化と同じように、よく使うものほど定型とは違った変化をします。以下のそれぞれの言葉について、尊敬語と謙譲語を書きましょう。

	尊敬語	謙譲語
する		
いる		
行く		
来る		
言う		
聞く	（　　　　　　　　　）	
見る		
食べる		
知る		
会う	（　　　　　　　　　）	
くれる		
着る		
寝る		
借りる	（　　　　　　　　　）	
見せる	（　　　　　　　　　）	

5 ◐ ● 敬語を使った応対

次のそれぞれの場面において、あなたならばどのような表現を使いますか？ 文章で書いてみましょう。

---

① 父親に電話をかけてきた相手に対し、外出中であることを伝える場面

---

② ショップ店員として、店の商品をゆっくり見てほしいことを客に伝える場面

---

③ 部下として、どうしたらよいかを上司に尋ねる場面

---

④ スーパーの店員として、クレジットカードが使えないことを客に伝える場面

---

⑤ この先の二つ目の交差点を右に曲がり、その後まっすぐ進むよう、
　 ホテルのドアマンとして客に伝える場面

---

⑥ 部活動の顧問の先生が出場者リストを至急提出するように言っていたことを、
　 後輩として先輩に伝える場面

---

6 ●● 2人組でビジネスシーンのロールプレイ
～企業の受付編～

　社会に出ると、日常的に敬語を使うことになります。まずは他社訪問時の受付の場面から。○○に自分の名前を入れて、2人1組でロールプレイしてみましょう。片方の役でロールプレイができたらパートナーと交替して、もう一方の役も体験しましょう。

> ★出演　　①社員○○（営業担当）　②取引先の受付担当者
> ★場面設定　ある日、朝9時半からの商談のために、社員○○はC・S・T株式会社を訪問

① 社員○○　　おはようございます。
　　　　　　　わたくし、C・S・T株式会社の○○と申します。
　　　　　　　いつも大変お世話になっております。
　　　　　　　（名刺を差し出しながら）

----

② 受付　　　　おはようございます。こちらこそ、大変お世話になっております。

----

③ 社員○○　　9時半に開発部二課の山内課長とお約束があるのですが、
　　　　　　　お取り次ぎ願えませんでしょうか。

----

④ 受付　　　　承知しました。ただいま呼び出しますので少々お待ち下さい。

----

⑤ 社員○○　　よろしくお願いいたします。
　　　　　　　（受付窓口を塞がない場所で待つ）

----

⑥ 受付　　　　大変お待たせいたしました。山内は間もなく参りますので、
　　　　　　　こちらの応接室でお待ち下さい。

----

⑦ 社員○○　　ありがとうございます。失礼いたします。
　　　　　　　（受付担当者に続いて応接室に入る）

----

7 ●● 場面による表現の変化

目上の人に関する表現には尊敬語を使うのが基本ですが、世の中にはそうでない場合もあります。なぜ以下の下線部のように謙譲語を用いた言い方になるのか、理由を考えて周囲の人と話し合ってみましょう。

御社の立花社長は
お元気でいらっしゃいますか？

A 社秘書

お心遣いありがとうございます。
立花は、お蔭様で
元気に世界を飛び回っております。
現在はロンドンの国際会議に
出席いたしております。

A 社の取引先
B 社秘書

> **何故？**

8 ●● 4人組でビジネスシーンのロールプレイ①
～担当交替編～

社会では、場面や相手に応じて臨機応変に敬語を使い分けなければなりません。○○、△△、□□にその役を務める人の名前を入れて、4人1組でロールプレイしてみましょう。最後までロールプレイしたら、役を交替して繰り返しロールプレイします。みんなでそれぞれの役になり切って！

★出演　　①社員○○（旅行デスク担当）　②課長△△（○○の上司）　③④客□□夫妻
★場面設定　社員○○は、異動を前に担当の引き継ぎを上司に頼み、客に紹介する。

----

①	社員〇〇	△△課長、おはようございます。
②	課長△△	おはよう。
③	社員〇〇	いよいよ来月、ロンドン支店に異動です。引き継ぎの件でもご迷惑お掛けしますが、よろしくお願いいたします。
④	課長△△	□□様の件ね。
⑤	社員〇〇	はい。本日11時にご来店とのことなので、少しお時間頂戴できませんか。
⑥	課長△△	その頃もオフィスにいるから声掛けて。
⑦	社員〇〇	ありがとうございます。その時にまたお呼びしますので、よろしくお願いいたします。（オフィスを離れ、店頭での準備に入る）
⑧	社員〇〇	△△課長、□□様がお見えになりました。プランのお申込みはもう承りましたので、これからご挨拶願えますか。
⑨	課長△△	今行きます。
⑩	社員〇〇	□□様、私の本店勤務も今月いっぱいとなりました。こちらの都合で大変申し訳ないのですが、来月からは△△が担当として□□様のご用命をお受けします。何とぞよろしくお願い申し上げます。こちらが△△です。
⑪	課長△△	△△と申します。担当交替で大変ご迷惑お掛けしますが、何とぞよろしくお願い申し上げます。
⑫	客□□夫	□□です。こちらこそよろしくお願いします。
⑬	客□□妻	〇〇さんには本当によくしていただいたんですよ。
⑭	客□□夫	今度はロンドン支店ですか。
⑮	社員〇〇	はい。不安だらけですが、頑張って参ります。
⑯	客□□妻	ロンドンでも元気でね。

オフィス内

店頭（旅行受付デスク）

9 ●● ヘンな敬語採集

　世の中には、間違った敬語が想像以上にたくさん存在します。駅構内やデパートの貼り紙、各種のダイレクトメール、車内アナウンスなど、意識を向けて「ヘンな敬語」を探してみましょう。

採集場所	ヘンな敬語	正しくは…
例 携帯電話関連のダイレクトメール	ご利用になられている機種	ご利用になっている機種 ご利用の機種

10 ●● 正しくは？

　次の表現には「ヘンな敬語」や不適切な表現が含まれています。間違っている箇所を正し、全文を書き直しましょう。

----

① この図書館は誰でもご利用できます。
　　（施設案内の場で）

----

② お客様はいつオーストリアへ参られる予定ですか。
　　（旅行会社の相談窓口で）

----

③ 山崎様、おられましたら受付までおいでください。
　（デパートの呼び出しとして）

④ 高齢の方にもご利用しやすいシステムになっています。
　（新製品を客に説明する場面で）

⑤ 金井部長は以前そのように申されました。
　（自社内の報告会で）

⑥ このメモを見たら次の番号までご連絡して下さい。
　（部下の立場で上司にメモを残す場面）

11 ●● ひょっとして二重敬語？

　「ヘンな敬語」の中でも、最近特に多いのは二重敬語。すでに尊敬語や謙譲語として語形が変えられた言葉を、さらに敬語変換してしまうのが二重敬語です。次の文章中の誤りの箇所に下線をひき、正しい表現に改めましょう。

① 進藤課長はこの記事をお読みになられましたか？

② 和田先生はシンガポールへご出張されています。

③ 吉井社長は川越駅からお帰りなされるそうです。

④ 沢野部長は、明日取引先に伺われるとおっしゃられました。

⑤ 酒田課長がお召しになられているスーツは、今シーズンのトレンドなのだそうです。

⑥ 本多社長はこれからお昼を召し上がられます。

12 ●● 4人組でビジネスシーンのロールプレイ②
～合同説明会編～

　ここまでに学んだことをもとに、4人1組でビジネスシーンを想定したロールプレイをしてみましょう。今度は場面の設定だけで、セリフはありません。どのような表現が適切かを考えながら、声に出してみましょう。

★出演　　①X社人事担当社員A（Cとは会社を通じた知り合い）　②X社人事部長B
　　　　　③Y社人事課長C（Aとは会社を通じた知り合い）　④説明会主催Z社社員D

★場面設定　ある日の朝、X社人事担当のAはY社の人事担当CとZ社主催の合同説明会の
　　　　　会場で再会し、上司のBを紹介する。

①Z社D　主催側社員としてAとBに挨拶し、X社用ブースの準備を促す。

②X社A　Dに挨拶する。

③X社A　ポスター掲示用の画びょうを忘れてきたことに気づき、上司であるBに謝罪する。

④X社B　Aの言葉を受け、画びょうを貸してくれるようDに頼む。

⑤Z社D　（画びょうを差し出して）使うようBに返答する。

⑥X社B　Dに感謝の言葉を伝える。

⑦X社A　Cを見つけ、挨拶する。

⑧Y社C　Aに挨拶する。

⑨X社A　上司であるBをCに紹介する。

⑩X社B　名刺を用意し、Cに自己紹介する。

⑪Y社C　Bの名刺を受け取り、自分の名刺を用意してBに自己紹介する。

 ## 自分らしい履歴書を作る

　履歴書はあなたの分身です。あなたが面接で相手先を訪ねる前に、あなたの印象を作る材料ともなります。面接の流れをより良いものにするためにも、あなた自身をぎゅっと凝縮した渾身の一枚を相手に届ける必要があります。

　とはいえ、単純に記入欄を埋めれば完成というものではありません。相手がいる、読む人がいる、ということを前提に、伝わる履歴書を目指さなくてはなりません。＜基本編＞の第1章を踏まえながら、自分も相手も喜ばせられるような履歴書を作成しましょう。

1 ●● 良い例と惜しい例

　次のAとBの2つの例を読み、良いと思う方の☆を塗りつぶしましょう。また、両者の違いやそれぞれから得られる印象を話し合い、良い例の特徴を点線で囲まれたスペースに書き出しましょう。

※ いずれの例も、ハムなどの食肉加工食品を作る会社を受験する想定で書かれています。

☆ 履歴書 A

得意な科目・分野	自覚している性格
・簿記（日商簿記3級を取得しました） ・マーケティング（対顧客視点を持つことの重要性を学びました） ・心理学（日々の生活にも活かしています）	明るく物怖じしない性格です。積極性にも自信があり、入学式当日の内に26人のゼミ生全員と友達になりました。人とのコミュニケーションが私のエネルギーの源です。
学業以外で力を注いでいること	特技・アピールポイントなど
大学祭実行委員として懸命に活動しました。「自分の可能性を狭めない」という言葉を常に念頭に置いて取り組んだ結果、建学以来初の来場者2000人超えを達成できました。	特技は「理想像を思い描きながらの筋力トレーニング」です。地道に一歩一歩自分を理想に近づけていくことが心地良く、身体のみならず心のトレーニングにもなっています。

志望動機　私はインド旅行の際に食べ物にあたってしまい、非常に苦しみました。これまで何も考えずに食べものを口にできたのは、企業によって安全が守られてきたからだということに、この時初めて気付きました。御社の製品は、製造・流通・販売が一体であるからこそ、安全に意識を向けなくとも安全であることは当然で、「美味しさ」や「楽しさ」に集中できます。御社の製品からたくさんの美味しいコミュニケーションを生み出したいと考えております。

☆ 履歴書 B

得意な科目・分野	自覚している性格
・簿記 ・マーケティング ・心理学	明るく、粘り強い性格です。また、好奇心旺盛で、何事にもチャレンジする意欲においては誰にも負けない自信があります。物事を冷静に見る姿勢も持っています。
学業以外で力を注いでいること	**特技・アピールポイントなど**
大学祭の実行委員として懸命に活動を続けました。私はこの取り組みを通じて協調性の大切さを学びました。その時の経験をこれからも活かしたいと思っています。	特技は筋力トレーニングです。体力の維持には特に気を付けており、体調不良で欠席したことは一度もありません。姿勢の良さもアピールできるポイントです。

志望動機　私は「食文化」にかねてから大きな関心を持っていました。「食べる」ということは、人間の基本的な欲望の一つであり、死ぬまで切り離せないものであるからです。
　私は食に対する関心を持ち続ける中で、御社の食に対する姿勢に大きなものを感じ、志望した次第です。将来は様々な世界の食文化を日本に持ち込み、日本にいながら世界の文化を知ることができるようにしたいと思っております。

2 ● ● 履歴書作成にチャレンジ

　以下の点や1項（92〜93ページ）の例で良いと感じた点を参考にしながら、巻末付録（118ページ）の履歴書フォーム（下書き）にあなたらしい履歴書を書いてみましょう。

 **ポイント**
① キャッチフレーズやエピソードを盛り込む（＜基礎編＞1-13や1-14を参考に）
② 社会に求められる要素を絡める（＜基礎編＞1-9を参考に）
③ 他の人にはない、自分独自の要素を優先する
④ アピール要素の羅列ではなく、流れやストーリーを作る
⑤ 結論→具体的説明の順序を意識する
⑥ 経験そのものよりも、その経験が持つ意味や精神的な成長、考え方の変化に注目する

3 ● ● 受験先研究

　履歴書では必ず志望動機を書く欄があります。人の心に響く志望動機を書くためには、まず相手を知ること。受験先について次の内容を調べ、分析してみましょう。

受験先（正式名称）	
受験先の業種 志望学部・学科	
企業理念（社是） 建学の精神	
企業理念・建学の 精神で共感する ところ	
業界におけるその 企業・学校の特色 （その会社・学校 でなければなら ない理由）	

その企業・学校の魅力	
求められる人材・学生の特徴	
その企業・学校に対する自分の魅力	
その企業・学校で活かせる経験	

4 ●● 履歴書チェック

あなたが書いた履歴書を辛口でチェックしてもらいましょう（クリアできているものには○、できていないものには×を書き入れてもらいましょう）。一言アドバイスをもらうことも忘れずに！

Level	下書き	清書	チェック項目
前提			記入欄を使い切っているか？
基本			誤字脱字はないか？
基本			省略語や話し言葉を使っていないか？
基本			文のねじれなど、初歩的な文法ミスはないか？
基本			1文字1文字丁寧に揃った大きさで書けているか？
初級			社会に求められる側面（14～15ページ）を前面にアピールできているか？
初級			きちんと練られた文章であることが感じられるか？
初級			その人物の考え方や特徴がよく表されているか？
初級			エピソードや数字など、具体的な内容を盛り込めているか？
中級			自分に対する理解の深さが感じられるか？
中級			受験先・学校に対する理解の深さが感じられるか？
中級			受験先への愛情が感じられるか？
中級			他の人との違いや独自性が明確か？
上級			就職・進学したいという意欲が感じられるか？
上級			「その企業・学校でなければならない」というメッセージは伝わってくるか？
上級			その人物に魅力が感じられるか？
上級			一読しただけでも印象に残るか？
一言アドバイス	下書きについて		
	清書について		

5 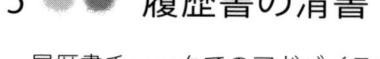 履歴書の清書

　履歴書チェックでのアドバイスをもとに内容を再考し、119 ページの清書用フォームを使って丁寧にペン書きしてみましょう。

　提出期限が迫って作成に取り掛かると、焦って失敗し、提出断念となることも珍しいことではありません。良い履歴書を作成するには、中身を練る期間として1か月かかるくらいの気持ちの余裕が必要です。4 項（96 ページ）のチェックリストで×がなくなるまで推敲を繰り返せば、きっとあなたの魅力を的確に伝える履歴書になります。

　また、清書の際には以下の点に気を付けましょう。清書を仕上げたら、4 項のリストに添ってチェックしてもらいましょう。

ポイント　① 水性ボールペンや万年筆を使用
　　　　　　② 修正液や修正テープは使用しない（慎重に書きましょう）

面接に備える

　昨今の入社試験、入学試験では人物重視の流れが続いています。ペーパー試験で学力のみ測定する、といった一面的な理解でなく、人として包括的に評価してもらえることはとても有難いのですが、面接という場面ではなかなかいつも通りの自分ではいられないのが現実です。

　一方では、面接でも生き生きと自分を表現できる人もいます。この背後にあるのは、面接の経験と面接に対する理解の違いです。基礎を確認したら、ひたすら練習あるのみ。面接を日常に引き寄せることができれば、あなたも面接の達人になれるでしょう。

1 ●● 服装・身だしなみチェック

　面接対策はまず服装・身だしなみから。できているべきことが不十分ならば、面接官も質問に集中できなくなります。周囲の人に全身のチェックをお願いし、クリアできているものには☑のように記入してもらいましょう（化粧やスカート、パンツ関連の項目など、対象外となるものは☒と記入してもらいましょう）。

女性編

〔アクセサリー他〕　□ ピアス、ネックレス、指輪など全て外してある
　　　　　　　　　　□ 時計の色やデザインが派手でない
　　　　　　　　　　□ 眼鏡の色やデザインは派手でない

〔髪・髪型〕　　　　□ 髪の色が本来の色になっている（黒か暗い茶色）
　　　　　　　　　　□ フケがついていない
　　　　　　　　　　□ 寝癖がついていない
　　　　　　　　　　□ 前髪が目にかからない
　　　　　　　　　　□ お辞儀をして直っても、前髪が顔にかからない（直す必要がない）
　　　　　　　　　　□ （髪が長い場合には）後ろ髪がきちんと1つにまとめられている
　　　　　　　　　　□ （髪が長い場合には）髪を留めるものとして、黒、紺、グレー等の
　　　　　　　　　　　 地味な色のゴムを使っている

〔化粧〕　　　　　　□ 素顔が分かる程度のメイクをしている（メイクが濃過ぎず、スッピンでない）
　　　　　　　　　　□ つけまつげを付けていない
　　　　　　　　　　□ 口紅の色が本来の唇の色に合っている
　　　　　　　　　　□ カラーコンタクトレンズや黒目を大きく見せるコンタクトをつけていない

〔スーツ〕　　　　□ シワがついていない
　　　　　　　　　□ ほつれがない
　　　　　　　　　□ 汚れていない
　　　　　　　　　□ 色が派手でない（黒、紺、グレーが良い）
　　　　　　　　　□ デザインが派手でない（極端に絞られたウェストや深いスリット
　　　　　　　　　　 も NG）
　　　　　　　　　□ スカートは膝が隠れる長さになっている
　　　　　　　　　□ ズボンはパンプスの踵部分が半分程度隠れる長さになっている

〔シャツ〕　　　　□ シワがついていない
　　　　　　　　　□ ほつれがない
　　　　　　　　　□ 汚れていない
　　　　　　　　　□ 襟が大き過ぎない（襟を強調したデザインでない）
　　　　　　　　　□ 襟が開きすぎない（前屈みになっても下着が見えない）
　　　　　　　　　□ 左右の襟が対称になっている（スーツの襟の外に出すか入れるか
　　　　　　　　　　 を統一）
　　　　　　　　　□ 白の無地である
　　　　　　　　　□ デザインが派手でない（フリルやリボンも NG）

〔ストッキング〕　□ 伝線していない
　　　　　　　　　□ 自分の肌にあった肌色である
　　　　　　　　　□ ストッキングの上に靴下を重ねて履いていない

〔パンプス〕　　　□ ヒールは 3 〜 5 センチ程度である
　　　　　　　　　□ ヒールに安定感があり、ピンヒールでない
　　　　　　　　　□ 汚れがなく、しっかり磨かれている
　　　　　　　　　□ ストラップがついていない
　　　　　　　　　□ スタッズやボタンがついていない
　　　　　　　　　□ 黒の無地である
　　　　　　　　　□ デザインが派手でない（爪先が尖ったものや極端に丸いものも
　　　　　　　　　　 NG）

男性編

〔アクセサリー他〕 □ ピアス、ネックレス、指輪など全て外してある
　　　　　　　　　□ 時計の色やデザインが派手でない
　　　　　　　　　□ 眼鏡の色やデザインは派手でない

〔髪・髪型〕 □ 髪の色が本来の色になっている（黒か暗い茶色）
　　　　　　□ フケがついていない
　　　　　　□ 寝癖がついていない
　　　　　　□ 前髪が目にかからない
　　　　　　□ お辞儀をして直っても、前髪が顔にかからない（直す必要がない）
　　　　　　□ 全体的に短く整えられている

〔コンタクトレンズ〕 □ カラーコンタクトレンズや黒目を大きく見せるコンタクトをつけていない

〔スーツ〕 □ シワがついていない
　　　　　□ ほつれがない
　　　　　□ 汚れていない
　　　　　□ 色が派手でない（黒、紺、グレーが良い）
　　　　　□ デザインが派手でない
　　　　　□ ズボンは靴の踵部分が半分程度隠れる長さになっている

〔ワイシャツ〕 □ シワがついていない
　　　　　　　□ ほつれがない
　　　　　　　□ 汚れていない
　　　　　　　□ 衿ぐりのサイズが自分に合っている
　　　　　　　□ 左右の襟が対称になっている（スーツの襟の外に出ていない）
　　　　　　　□ 白の無地である

〔ネクタイ〕 □ 結び目がほどけていない
　　　　　　□ 色・柄が派手でない（落ち着いた色 or 淡い色が適当）

〔靴下〕 □ 汚れていない
　　　　□ 黒、紺、焦げ茶など、落ち着いた色である

〔靴〕 □ 汚れがなく、しっかり磨かれている
　　　□ 黒や焦げ茶などの落ち着いた色の革靴である
　　　□ デザインが派手でない（爪先が尖ったものや極端に丸いものもNG）

---

2 ●● 面接場面での立ち居振る舞い

　面接の場では、立ち居振る舞いも評価を大きく左右します。礼儀をわきまえ、スムーズに動かなくてはなりません。

　いつでも臨機応変な対応が求められますが、一般的な流れを以下で捉えた上、実際に身体を動かしながら何度も練習しくみましょう。

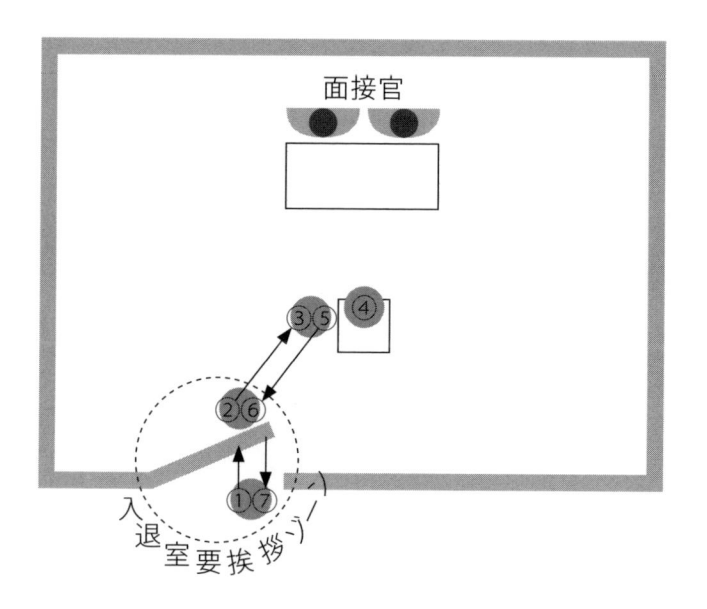

---

① ・ドアを3回ノックする※。

※ 2回との解説もありますが、トイレのノックと区別するという流れを受け、ここでは3回とします。

　・中からの「どうぞ」という返事を確認する。

　・静かにドアを開ける。中の面接官の姿が見えたら軽く会釈する。

---

② ・部屋の中に入り、ドアの方に向き直る。（面接官に背を向けて構わない）

　・音を立てないように慎重にドアを閉める。（ノブ式の場合には必ずノブを回し、引き戸の場合は最後まで手を離さずにそっと閉める）

　・面接官の方を向いて「失礼いたします」と挨拶してから、丁寧にお辞儀する。

---

③ ・面接官が椅子の方へ招く合図をしたら、椅子の脇まで進み、「○○大学（○○高等学校）から参りました△△と申します。よろしくお願いいたします」と伝え、丁寧にお辞儀する。

---

④ ・面接官が着席を勧めたら静かに腰掛け、質問に答える。

　・面接官が「これで終わります」などの合図をしたら、着席したまま丁寧にお辞儀する。

---

⑤ ・椅子の脇に立ち、「ありがとうございました」と言葉を発してから、丁寧にお辞儀する。
   ・ドアの前に移動する。（面接官に背を向けて構わない）

⑥ ・ドアの前まで移動したら面接官の方に向き直り、「失礼いたします」あるいは「失礼いたしました」と挨拶の言葉を発してから、丁寧にお辞儀する。
   ・ドアを開けて静かに退室する。（面接官に背を向けて構わない）

⑦ ・部屋を出てからはドアの方に向き直り、面接官の姿が見えたら軽く会釈して静かにドアを閉める。（ノブ式の場合には必ずノブを回し、引き戸の場合は最後まで手を離さずにそっと閉める）

3 ●● 受け答え NG 集

　面接は入退室だけで終わるわけはありません。メインは質疑応答です。以下のような受け答えにならないよう気をつけましょう。自分自身の答え方をよく振り返って、特に注意が必要な項目には☑のように書き入れましょう。

応答内容

☐ 答える内容を文章で暗記してそのまま答えようとする
　（面接は暗記の発表会ではありません。面接官との柔軟なやりとりこそ重要です）

☐ 答えが一言で終わる
　（せっかくのアピールのチャンスを逃さないように。「はい」「いいえ」で答えられる質問でも、具体的な内容を添えて答えましょう）

☐ 答えが長過ぎる
　（面接官の関心に従って、答える長さを調整する柔軟性を持ちましょう。そのためには、面接官の様子をよく見ることが大事です）

☐ 答えが的外れで質問に答えられていない
　（面接官は質問を的確に捉える理解力も見ています。質問の核やその質問から何を捉えようとしているのかを見極めましょう）

□ 何を言いたいのか分からない
　　(大事な点を最初に伝え、後から詳しい説明を加えるようにしましょう)

□ 自分のマイナスの面ばかりを言う
　　(短所に関する質問など、マイナス面を答える場面もある筈ですが、悪い面ばかりでなく、それを克服
　　する取り組みやプラスの側面まで答えるように意識しましょう)

□ 具体性に欠ける
　　(特に集団面接の場合には、長所が他の受験生と重なってしまう場合がよくあります。より具体的な経
　　験を前面に出すようにしましょう)

□ 受験先の企業を批判する
　　(改善点を問われる場合もありますが、「ここが悪い」ではなく、「こうするともっと良くなる」とい
　　う姿勢で答えましょう)

□「質問は？」と問われて、表面的なことを尋ねる
　　(良い質問は評価の対象となり得ますが、パンフレットや公式サイトの情報などから分かることを尋ね
　　るのは逆効果。質問がなければ「ありません」「ございません」と、はっきり答えましょう)

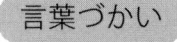

態度

□ 声が小さい
　（声が小さいだけで、自信がない、伝える気持ちがない、と捉えられてしまいます）

□ 面接官の方を見ない
　（面接官との視線のやり取りがないと、話していることが伝わりにくくなります）

□ 他の受験生の応答中に脱力している
　（面接は個人面接ばかりではありません。集団面接の際は、他の受験生の応答にも関心を持って耳を傾けましょう）

□ 答えるまでに時間がかかる
　（無音状態が長く続くことは避けたいところです。考える時間がほしい場合には「少しお時間をいただいてもよろしいでしょうか」と断りましょう）

□ 早口
　（緊張すると早口になりがちです。意識してゆっくり話しましょう）

□ 語尾がのびる
　（語尾がのびるとだらしない印象になり、評価も下がります。ハキハキと簡潔に答えましょう）

□ 表情が硬い
　（面接官は受験生の表情から人間性を見ます。終始笑顔でいる必要はありませんが、話題に合わせて表情も変化させられる余裕は持ちたいところです）

□ 姿勢が崩れる
　（面接の時間中は背筋を伸ばし、その姿勢をキープしましょう）

言葉づかい

□「バイト」「コンビニ」など、省略語や流行語を使う
　（面接の場では全て正式な言い方で答えましょう）

□「やっぱ」「やっぱり」
　（「やはり」が正しい言い方です）

□「けど」
　（「けれど」が正しい言い方です）

☐ 「…は」
（面接官からの質問に続けて「…は」から答える例が増えています。まず「はい」で受け止めてから、「それは…」のように続けましょう）

☐ 「なので」
（「なので」と言えるのは、「私の特技は早起きなので」のように、前の文章から続けて言う場合のみです。「したがって」「よって」「このようなことから」と言い換えたり、前の文章から続けたりすることで、「なので」から文章を始めることは避けましょう）

☐ 「じゃないですか」
（断定を避けるために、同意を求めるような「じゃないですか」という表現が使われる場面も多く見られますが、面接場面では不適当です。「～です」と簡潔に答えましょう）

☐ 受験先を呼び捨てにする
（「○○株式会社」「△△大学」「□□専門学校」などではなく、「御社」「貴学」「貴校」と言いましょう）

☐ 尊敬語が使えない
（「そちらの山口さんが説明会でそう言っていました」のような表現は×。「御社の山口様が先日の説明会でそのようにおっしゃっていました」のように、受験先企業・学校に関わる表現にはしっかり尊敬語を使いましょう）

☐ 謙譲語が使えない
（「実家のお母さんがおっしゃっていました」のような表現も×。この場合は、「実家の母が申しておりました」が適切。自分自身や身内については必ず謙譲語を使いましょう）

4 ●● 面接想定問答

面接場面では、どのような質問が投げかけられても反応を示すことが最も重要です。以下は面接場面でよく尋ねられる質問です。予め答えのポイントを書き出して、自分自身の考えを客観的に確認しておきましょう。

自分自身の理解に関わる質問

質 問	あなたの答え
① あなたの長所を教えて下さい ＊＜基本編＞1を参照して、社会に求められる側面を意識しながら具体的に答えましょう。	
② あなたの短所を教えて下さい ＊マイナス面を伝えて終わるのではなく、克服しようと取り組んでいることや長所として捉えられる面もあることを添えましょう。	
③ あなたの特技は何ですか ＊今後の仕事に生かされる側面に注目して、特技を考えましょう。独自性をプラスできれば◎。	
④ あなたの趣味は何ですか ＊人との違いが明瞭となるよう、できるだけ具体的に答えましょう。	
⑤ 好きな言葉を教えて下さい ＊ここで問われているのはあなたの信念です。オリジナルの言葉でも構いませんが、故事成語や偉人の言葉なども調べておきましょう。	

質 問	あなたの答え
⑥ 尊敬する人は誰ですか ＊誰を尊敬しているかということよりも、理由が重要です。将来像の模範となる人を具体的に考えておきましょう。	
⑦ 5年後の自分像を教えて下さい ＊中長期的なヴィジョンを尋ねています。「こうなっていたい」という将来像と併せ、そのためにどうするかということも考えてみましょう。	
⑧ 最近気になったニュースを教えて下さい ＊時事問題に対する関心の高さや関心の先を確認する質問です。芸能やスポーツ、殺人事件以外のニュースを選択。今後の仕事に関わる話題ならば◎。	
⑨ 最近読んだ本を教えて下さい ＊あなたの関心がどこに向いているかを確認する質問です。「読んでいません」との答えにならないよう、日々読書にも取り組みましょう。	
⑩ 最近見た映画を教えて下さい ＊あなたの感性や興味関心に副った映画を。その映画の魅力や感想も答えられるようにしましょう。	
⑪ 学生時代に力を入れたことは何ですか ＊取り組んだことそのものよりも、そこから学んだことやその経験を通じた気づき、成長を具体的に答えましょう。	

質 問	あなたの答え
⑫ 学生時代で一番の失敗は何ですか ＊どのようにしてその失敗を乗り越えたか、その失敗から何を学んだかを具体的に答えることが重要です。	
⑬ 学生時代を経て、あなたはどのような点が成長したと思いますか ＊自分自身の変化に気づき、その変化をもたらしたものを意識できていることが大切。今後どうなっていきたいかも併せて考えておきましょう。	
⑭ 学生時代に学んだ中で特に関心を持ったことは何ですか ＊関心を持っている＝理解も深いと期待されます。仕事に活かすことができそうな学問分野を答えられると良いでしょう。	
⑮ 自己 PR をお願いします ＊＜基本編＞第 1 章を参考に、自分の長所や仕事で活かせる経験などを具体的にまとめ、熱意ややる気を感じさせる言葉で締め括りましょう。	

受験先に関わる質問

質 問	あなたの答え
⑯ 志望動機を聞かせて下さい ＊前章の受験先研究を踏まえ、他にはない志望企業の魅力、共感するところなどから、何故その企業でなければならないのかを説明しましょう。	
⑰ 弊社について知っていることを 何でも教えて下さい ＊企業研究の深さを試す質問です。業界での位置づけや取り組みの特色、商品名など、その企業のファンのつもりでしっかり調べておきましょう。	
⑱ 弊社の在り方や弊社の商品について、改善が必要と感じていることがあれば教えて下さい ＊「ここが悪い」といった受験先企業の批判ではなく、よりよくするための提案という意識でアイデアを練りましょう。	
⑲ 他にどのような企業を 受験していますか ＊就職活動に対する姿勢や、本当に就職する気持ちがあるかを確認する質問です。まずは受験先と関連する業界を中心に受験していると答える程度にとどめ、就職に向けた意欲をアピールしましょう。	
⑳ 何か質問はありますか ＊面接は企業の方と直接話せるまたとないチャンス。受験先に対する理解を前提に、パンフレットや公式サイトでは分からないことを質問して関心の高さを示しましょう。	

5 ●● 集団面接ロールプレイ

　面接の流れに留意して、4～6人程度のグループで集団面接のロールプレイをしてみましょう（受験者2～3名・面接官2～3名）。1組の面接に10分、役割を交替して計20分程度で質疑応答してみましょう。

　面接官役の人にこのテキストを預け、次のチェックシートに評価してもらってください（A＝優、B＝良、C＝可、D＝不可）。また、面接官役として気づいた点（「面接官の目線では、入退室の動作の丁寧さが意外に気になる」など）は、最後のポイントの欄にメモしておきましょう。

「受験者」役
2～3人
　入室から退室まで本番に臨む意識でロールプレイします。＜基本編＞1-16の自己PR（22～23ページ）の内容や履歴書（118～119ページ）としてまとめたポイントを頭に入れ、スムーズな受け答えを目指しましょう。入退室の動作も評価対象であることを忘れずに。

「面接官」役
2～3人
　各受験者に対して、①所属、②氏名、③質疑応答（4項の20問の中から選択）、④1分間の自己PR（22～23ページ）を求めましょう。答えられた内容について軽く質問しても構いません。

		1回目		2回目
入退室	A B C D	・動きがスムーズ ・お辞儀が丁寧 ・姿勢が良い ・爽やかに挨拶できている ・表情が明るい	A B C D	・動きがスムーズ ・お辞儀が丁寧 ・姿勢が良い ・爽やかに挨拶できている ・表情が明るい
応答内容	A B C D	・質問に対して的確に答えている ・プラスの面をアピールできている ・エピソードなど、具体的に答えている ・冗長にならず、簡潔に答えられている	A B C D	・質問に対して的確に答えている ・プラスの面をアピールできている ・エピソードなど、具体的に答えている ・冗長にならず、簡潔に答えられている
態度	A B C D	・元気にはっきりと応答している ・面接官の方をしっかり見ている ・他の受験生の回答中も集中している ・表情が明るい ・姿勢が良い	A B C D	・元気にはっきりと応答している ・面接官の方をしっかり見ている ・他の受験生の回答中も集中している ・表情が明るい ・姿勢が良い

言葉づかい	A B C D	・省略語や流行語は使わず、面接に適した言葉づかいができている ・適切な敬語を使っている ・「やっぱ」「けど」「…は」「なので」等の言葉を使っていない	A B C D	・省略語や流行語は使わず、面接に適した言葉づかいができている ・適切な敬語を使っている ・「やっぱ」「けど」「…は」「なので」等の言葉を使っていない
特に期待 できそうな 側面		（　）① 積極性 （　）② 協調性 （　）③ 計画性 （　）④ 継続力 （　）⑤ 傾聴力 （　）⑥ 発言力 （　）⑦ 論理的思考力 （　）⑧ 独創的発想力 （　）⑨ メンタルの強さ （　）⑩ マナー・気づかい		（　）① 積極性 （　）② 協調性 （　）③ 計画性 （　）④ 継続力 （　）⑤ 傾聴力 （　）⑥ 発言力 （　）⑦ 論理的思考力 （　）⑧ 独創的発想力 （　）⑨ メンタルの強さ （　）⑩ マナー・気づかい
総合評価		A　B　C　D		A　B　C　D

アドバイス		
面接官氏名		

面接官の目線で気づいた面接のポイント

コミュニケーションと顔

　コミュニケーションにおいて、顔は重要な役割を果たします。相手がどのような人物であるか、怒っていないか、自分の話に関心を持ってくれているか等、顔が伝える情報を読み取ってコミュニケーションをとっているといえば、きっとあなた自身も思い当たるところがあるでしょう。

　日本には、「日本顔学会」という学会が存在します。「顔学？」と不思議に思われるかもしれませんが、顔に関わる様々な学問領域（例えば、心理学や工学、文化人類学、歯学や医学等）が手を取り合い、新しい学際分野を築いていこうという壮大な試みが1995年にスタートしました。

　顔というと、美人やイケメンについて話したがるのが学生や生徒の常ですが、美醜の問題に終始していたら、それはもったいないことです。顔の真価は、良いコミュニケーションを生むかどうかで測られるべきかもしれません。

　生涯に亘って付き合っていく顔。日本顔学会の会長もお務めだった原島博先生（東京大学名誉教授）の顔訓13箇条を皆さんへのエールとして贈ります。

顔訓 13 箇条（原島、1999）

1. 自分の顔を好きになろう。
2. 顔は見られることによって美しくなる。
3. 顔はほめられることによって美しくなる。
4. 人と違う顔の特徴は、自分の個性（チャームポイント）と思おう。
5. コンプレックスは自分が気にしなければ、他人も気づかない。
6. 眉間にシワを寄せると、胃に同じシワができる。
7. 目と目の間を離そう。そうすれば人生の視界も拡がる。
8. 口と歯をきれいにして、心おきなく笑おう。
9. 左右対称の表情づくりを心掛けよう。
10. 美しいシワと美しいハゲを人生の誇りとしよう。
11. 人生の3分の1は眠り。寝る前にいい顔をしよう。
12. 楽しい顔をしていると、心も楽しくなる。人生も楽しくなる。
13. いい顔、悪い顔は人から人へ伝わっていく。

[出典] 原島 博「いい顔をつくる顔訓13箇条」『大「顔」展 図録』p.135（村澤 博人・馬場 悠男・橋本 周司・原島 博・大坊 郁夫 編、読売新聞社、1999）

付録

インタビューメモ

クラスメイトや友だち、
家族にインタビューした内容をメモしましょう。

インタビューの相手① [   ]　DATE [／   ]

インタビューの相手② [   ]　DATE [／   ]

インタビューの相手③ [   ]　DATE [／   ]

インタビューの相手④ [   ]　DATE [／   ]

インタビューの相手⑤ [   ]　DATE [／   ]

インタビューの相手⑥ [   ]　DATE [／   ]

インタビューの相手⑦ [　　　　　　　　　　　　　　　] DATE [　／　]

インタビューの相手⑧ [　　　　　　　　　　　　　　　] DATE [　／　]

インタビューの相手⑨ [　　　　　　　　　　　　　　　] DATE [　／　]

インタビューの相手⑩ [　　　　　　　　　　　　　　　] DATE [　／　]

インタビューの相手⑪ [　　　　　　　　　　　　　　　] DATE [　／　]

インタビューの相手⑫ [　　　　　　　　　　　　　　　] DATE [　／　]

一言コメントフォーム

インタビューや意見交換の際、その日のパートナーや仲間から、良かったところを褒めてもらいましょう。

例 5／21 話題が豊富で3分があっという間だった！ また話そうね！（エミより）

／	（	より）
／	（	より）
／	（	より）
／	（	より）
／	（	より）
／	（	より）
／	（	より）
／	（	より）
／	（	より）
／	（	より）
／	（	より）
／	（	より）
／	（	より）
／	（	より）
／	（	より）
／	（	より）
／	（	より）
／	（	より）
／	（	より）
／	（	より）

オノマトペコレクション

クラスメイトや友だち、家族と会話したら、下の人型の中にあなたを表すオノマトペを書き入れてもらいましょう。

例 ほわほわ、じわじわ、きゃぴきゃぴ、ルンルン、ワイワイ、キビキビ、きゅんきゅん、シャキッ

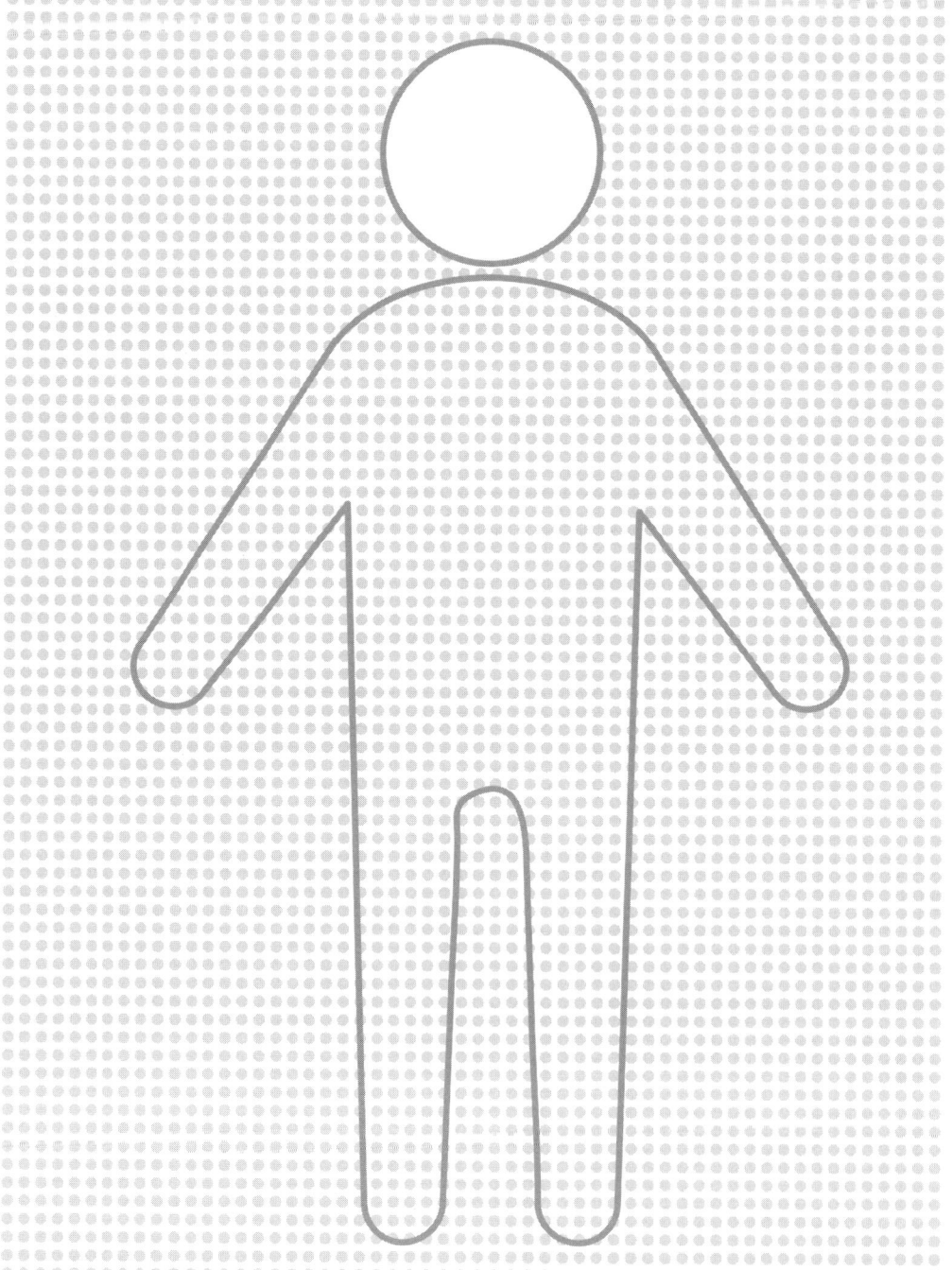

履歴書フォーム（下書き）

まずは自分流に
履歴書を書いてみましょう。

履　歴　書

ふりがな			番号	所属
氏名				

年	月	学歴・職歴
		学　　歴
年	4	高等学校　　　　　　　　　　入学
年	3	高等学校　　　　　　　　　　卒業
年	4	入学
年	3	卒業見込
		職　　歴
		な　　　し
		以上

得意な科目・分野	自覚している性格
学業以外で力を注いでいること	特技・アピールポイントなど

志望動機

履歴書フォーム（清書）

<社会人デビュー編>第2章（92〜97〜ページ）の内容に基づき、履歴書をペン書きしてみましょう。

履　歴　書

ふりがな		番号	所属
氏名			

年	月	学 歴 ・ 職 歴

得意な科目・分野	自覚している性格

学業以外で力を注いでいること	特技・アピールポイントなど

志望動機

参考文献

相川充『新版　人づきあいの技術―ソーシャルスキルの心理学』サイエンス社、2009

相川充・津村俊充 編『社会的スキルと対人関係 ―自己表現を援助する』誠信書房、1996

アレン・E・アイビィ著、福原真知子・椙山喜代子・國分久子・楡木満生 訳編『マイクロカウンセリング ―"学ぶ - 使う - 教える" 技法の統合：その理論と実際』川島書店、1985

井口大介『人間とコミュニケーション』一粒社、1982

上野徳美・岡本祐子・相川充 編著『人間関係を支える心理学 心の理解と援助』北大路書房、2013

小柳しげ子・与語淑子・宮本恵『アサーティブトレーニング BOOK―I'm OK, You're OK な人間関係のために』新水社、2008

大坊郁夫 編『幸福を目指す対人社会心理学―対人コミュニケーションと対人関係の科学』 ナカニシヤ出版、2012

東京大学医学部心療内科編『新版エゴグラムパターン― TEG 東大式エゴグラム第 2 版による性格分析』金子書房、1995

橋本剛『ソーシャルスキルを身につける』サイエンス社、2008

平木典子・沢崎達夫・土沼雅子 編著『カウンセラーのためのアサーション』金子書房、2002

福井康之『対人スキルズ・トレーニング ―対人関係の技能促進修練ガイドブック』ナカニシヤ出版、2007

諸富祥彦 編『人生にいかすカウンセリング―自分を見つめる 人とつながる』有斐閣、2011

文部科学省文化審議会答申 (2007)「敬語の指針」http://www.bunka.go.jp/seisaku/bunka shingikai/sokai/sokai_6/pdf/keigo_tousin.pdf

引用文献（掲載順）

◇ コミュニケーションのプロセスモデル（25 ページ）

　竹内郁郎 (1973)「社会的コミュニケーションの構造」『現代の社会とコミュニケーション〈1〉基礎理論』(内川芳美・岡部慶三・竹内郁郎・辻村明編、東京大学出版会、p.113

◇ 社会的スキル尺度青年版（52 ～ 53 ページ）

　菊池章夫 (1988)『思いやりを科学する―向社会的行動の心理とスキル』川島書店、p.199

◇ 自尊感情尺度（55 ページ）

　山本真理子・松井豊・山成由紀子 (1982)「認知された自己の諸側面の構造」『教育心理学研究』30, pp. 64-68.

◇ 対人信頼感尺度（56 ～ 57 ページ）

　堀井俊章・槌谷笑子 (1995)「最早期記憶と対人信頼感との関係について」『性格心理学研究』3、pp. 27-36.

◇ アサーティブ・チェックリスト（68 ～ 69 ページ）

　小柳しげ子（2008)「アサーティブ・チェックリスト」『 アサーティブトレーニング BOOK― I'm OK, You're OK な人間関係のために』(小柳しげ子・与語淑子・宮本恵）新水社、pp. 24-25.

◇ 社会的スキル 100 項目（76 ページ）

　菊池章夫・堀毛一也 (1994)『社会的スキルの心理学』川島書店、p.16

◇顔訓 13 箇条（112 ページ）

　原島博 (1999)「いい顔をつくる「顔訓 13 箇条」」『大顔展図録』(村澤博人・馬場悠男・橋本周司・原島博・大坊郁夫 編、読売新聞社、p.135.

むすびに

　「とにかく白く」との本書の基本精神について、冒頭で述べました。

　そうして白さ・余白を特徴とする本書ができたわけですが、あなたがお持ちのこの一冊は、あなたの文字が加わって黒く見えるようになったでしょうか。

　面倒であっても、書くことによって頭の中の考えは自分の外側に出ます。声に出すだけでは消えてなくなってしまいますが、文字はそこに留まってくれます。それ故、（比較的）冷静に自分自身の考えを認識できるようにもなります。最後の最後まで、抵抗感しか残らなかった方には申し訳ないばかりですが、自分の内側から出たものと改めて対面して、自分自身の考えや特徴に気づくことが少しでもあったのなら、とても嬉しく思います。

　このように書いている著者自身も、本書をまとめる中で初めて認識することが多々ありました。本書を手にとって下さる人たちに何を知ってほしいと思っているのか、何を身につけてほしいのか、どのように変わっていってほしいのかなど、授業を進行する中では直視できにくくなる部分の全てを、いったん一つに集めて整理し直すことになりました。それはとても孤独な作業でしたが、どこか温度のある充実した時間をもたらしてもくれました。

　本書は、多くの方々のお力と支えによって、何とかこのようなかたちにすることができました。本書を世に出すことを強く勧めて下さった埼玉女子短期大学の浅野洋先生、出版のきっかけを作って下さったジャーナリストの故・宮淑子先生に心より謝意を表します。お二人のアドバイスによって、新たな一歩を踏み出すことができました。また、温かく応援して下さった高木晴美先生と大橋由香子先生、本書を作る原動力となってくれた埼玉女子短期大学の学生たち、卒業生たちにも心から感謝します。そして、大変面倒なお願いにもかかわらず、快く後押しして下さった新水社社長の村上克江様には感謝の言葉に尽きません。村上社長のご理解なくして本書の誕生はあり得ませんでした。

　こうして「仕掛け屋」からの一冊をお届けできる幸運を噛み締めつつ、以上をむすびの言葉といたします。

　　　2016 年 4 月

　　　　　　　　　　　　　　　　　　　　　　　　　　　山田 雅子

見本・指導ガイドのご案内

本書の見本と本書を使用した指導例掲載のガイド（敬語問題解答例付き）をご希望の方に無料でお送りします。
以下のフォームに必要事項をお書きの上、下記宛てにご請求ください。

　　　送付先：株式会社 新水社　営業部
　　　〒101-0051 東京都千代田区神田神保町 2-20 アイエムビル 2F
　　　TEL ０３－３２６１－８７９４　FAX ０３－３２６１－８９０３

- -

> 書いて気づいて磨くコミュニケーションスキル・トレーニング
> 見本・指導ガイド請求フォーム

〇お名前

〇送付先ご住所　　　　〒

〇お電話番号

〇請求対象（ご希望の方に ☑ をお入れください）
□ 見本
□ 指導ガイド

［著者紹介］

山田 雅子（やまだ・まさこ）

早稲田大学大学院人間科学研究科博士後期課程修了。博士
（人間科学）。

埼玉女子短期大学国際コミュニケーション学科教授。

主に、心理学やコミュニケーション、対人行動に関わる授
業を担当。

研究においては、社会心理学、色彩心理学を専門とし、特
に対人場面に着目した実験調査に取り組んでいる。

所属学会は、日本心理学会、日本色彩学会、日本社会心理
学会、日本顔学会。

コミュニケーションスキル・トレーニング

発行日　2016 年 4 月 24 日　第 1 刷

著　者　山田雅子

ブック
デザイン　武田恵子

発行者　村上克江
発行所　株式会社　新水社
　　　　〒 101-0051 東京都千代田区神田神保町 2-20
　　　　http://www.shinsui.co.jp
　　　　Tel 03-3261-8794　Fax 03-3261-8903

印刷所　モリモト印刷株式会社

・・・

アサーティブトレーニング BOOK

小柳しげ子　与語淑子　宮本恵［著］／本体：1800 円

自分の気持ちを率直に、適切に伝えるコミュニケーションの方法とは？　それは、自分も相手も尊重する心がまえをもつこと。そのための能力を培うトレーニング BOOK。I'm OK, you're OK な人間関係で、あなたはもっと自分らしくなれる！
［内容目次］第Ⅰ部　アサーティブとは？　第Ⅱ部　自分の傾向を理解するために　第Ⅲ部　アサーティブトレーニングの目指すこと　第Ⅳ部　対立場面のコミュニケーション　第Ⅴ部　実践編　アサーティブに伝えてみよう／ワーク編

自分の気持ちスッキリ伝えるレッスン帳

八巻香織［著］／本体：1300 円

気持ちすっきり付き合いたい♡　思いをきちんと伝えたいあまり、あせってストレートに表現してしまったら？
「どうやって、自分の気持ちを認めるのか？」
「どうやって、自分の気持ちを受け入れるのか？」
気持ちとの付き合い方、思いの伝え方を、あなたと一緒に考えてみましょう。
［内容目次］Part 1　こころの自由を取り戻す／ Part 2　こころがきっとラクになる／ Part 3　こころが芯からスッキリする

ひとりでできる こころの手あて

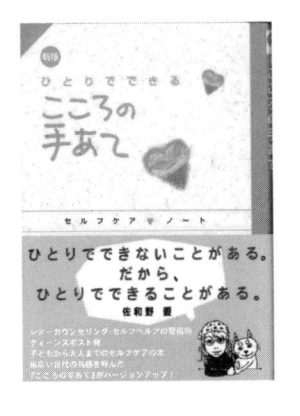

八巻香織［著］ティーンズポスト［編］本体：1300 円

私が私のカウンセラーになろう！
「私」自身の素直な気持ちを見つめることが、こころの力をつけることにつながる。カウンセリング・ワークシート、ほろりとこころを揺さぶるコラム、「私」を見つめるページの三部構成。
［内容目次］私のカウンセラーになろう／こころを手あてしよう／自分らしさってなんだろう／あなたと私の境界線／アディクション（うらみととらわれ）／私の中のいじめっ子／私の中の小さな私・・・

・・・

＊本体価格表示はすべて税別です。